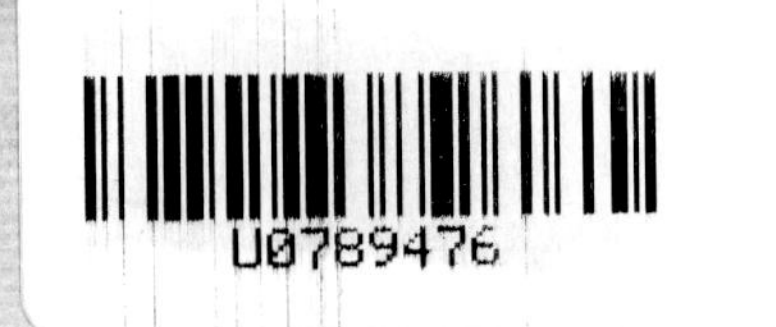

四書五經

左傳

三

中華書局

四書五經

左傳

三

中華書局

傳（襄公四年）

四年春，楚師爲陳叛故，猶在繁陽。韓獻子患之，言於朝曰：「文王帥殷之叛國以事紂，唯知時也。今我易之，難哉！」

三月，陳成公卒。楚人將伐陳，聞喪乃止。陳人不聽命。臧武仲聞之，曰：「陳不服於楚，必亡。大國行禮焉，而不服，在大猶有咎，而況小乎？」夏，楚彭名侵陳，陳無禮故也。

穆叔如晉，報知武子之聘也。晉侯享之，金奏《肆夏》之三，不拜。工歌《文王》之三，又不拜。歌《鹿鳴》之三，三拜。

韓獻子使行人子員問之曰：「子以君命辱於敝邑，先君之禮，藉之以樂，以辱吾子。吾子舍其大，而重拜其細。敢問何禮也？」對曰：「《三夏》，天子所以享元侯也，使臣弗敢與聞。《文王》，兩君相見之樂也，臣不敢及。《鹿鳴》，君所以嘉寡君也，敢不拜嘉？《四牡》，君所以勞使臣也，敢不重拜？《皇皇者華》，君教使臣曰：『必諮於周。』臣聞之：訪問於善爲咨，咨親爲詢，咨禮爲度，咨事爲諏，咨難爲謀。臣獲五善，敢不重拜？」

秋，定姒薨。不殯於廟，無櫬，不虞。匠慶謂季文子曰：「子爲正卿，而小君之喪不成，不終君也。君長，誰受其咎？」

初，季孫爲己樹六檟於蒲圃東門之外，匠慶請木，季孫曰：「略。」匠慶用蒲圃之檟，季孫不御。君子曰：「《志》所謂『多行無禮，必自及也』，其是之謂乎！」

冬，公如晉聽政。晉侯享公，公請屬鄫。晉侯不許。孟獻子曰：「以寡君之密邇於仇讎，而願固狂，無失官命。鄫無賦於司馬，爲執事朝夕之命敝邑，敝邑褊小，闕而爲罪，寡君是以願藉助焉。」晉侯許之。

楚人使頓間陳而侵伐之，故陳人圍頓。

無終子嘉父使孟樂如晉，因魏莊子納虎豹之皮，以請和諸戎。晉侯曰：「戎狄無親而貪，不如伐之。」魏絳曰：「諸侯新服，陳新來和，將觀於我。我德則睦，否則攜貳。勞師於戎，而楚伐陳，必弗能救，是棄陳也。諸華必叛。戎，禽獸也。獲戎失華，無乃不可乎？《夏訓》有之曰：『有窮后羿——』」公曰：「后羿何如？」對曰：「昔有夏之方衰也，后羿自鉏遷於窮石，因夏民以代夏政。恃其射也，不修民事，而淫於原獸，棄武羅、伯因、熊髡、龙圉，而用寒浞。寒浞，伯明氏之讒子弟也，伯明后寒棄之，夷羿收之，信而使之，以爲己相。浞行媚於內而施賂於外，愚弄其民而虞羿於田。樹之詐慝，以取其國家，外內咸服。羿猶不悛，將歸自田，家衆殺而亨之，以食其子，其子不忍食諸，死於窮門。靡奔有鬲氏。浞因羿室，生澆及豷，恃其讒慝詐僞而不德於民，使澆用師，滅斟灌及斟尋氏。處澆於過，處豷於戈。靡自有鬲氏，收二國之燼，以滅浞而立少康。少康滅澆於過，后杼滅豷於戈，有窮由是遂亡，失人故也。昔周辛甲之爲大史也，命百官，官箴王闕。於《虞人之箴》曰：『芒芒禹迹，畫爲九州島，經啓九道。民有寢、廟，獸有茂草；各有攸處，德用不擾。在帝夷羿，冒於原獸，忘其國恤，而思其麀牡。武不可重，用不恢於夏家。獸臣司原，敢告僕夫。』《虞箴》如是，可不懲乎？」於是

晉侯好田，故魏絳及之。

公曰：「然則莫如和戎乎？」對曰：「和戎有五利焉：戎狄薦居，貴貨易土，土可賈焉，一也。邊鄙不聳，民狎其野，穡人成功，二也。戎狄事晉，四鄰振動，諸侯威懷，三也。以德綏戎，師徒不勤，甲兵不頓，四也。鑒於后羿，而用德度，遠至邇安，五也。君其圖之！」公說，使魏絳盟諸戎。修民事，田以時。

冬十月，邾人、莒人伐鄫，臧紇救鄫，侵邾，敗於狐駘。國人逆喪者皆髽，魯於是乎始髽。國人誦之曰：「臧之狐裘，敗我於狐駘。我君小子，朱儒是使。朱儒朱儒，使我敗於邾。」

經（襄公五年）

五年春，公至自晉。

夏，鄭伯使公子發來聘。

叔孫豹、鄫世子巫如晉。

仲孫蔑、衛孫林父會吴於善道。

秋，大雩。

楚殺其大夫公子壬夫。

公會晉侯、宋公、陳侯、衛侯、鄭伯、曹伯、莒子、邾子、滕子、薛伯、齊世子光、吴人、鄫人於戚。

公至自會。

冬，戍陳。

楚公子貞帥師伐陳。

公會晉侯、宋公、衛侯、鄭伯、曹伯、莒子、邾子、滕子、薛伯、齊世子光救陳。

十有二月，公至自救陳。

辛未，季孫行父卒。

傳（襄公五年）

五年春，公至自晉。

王使王叔陳生愬戎於晉，晉人執之。士魴如京師，言王叔之貳於戎也。

夏，鄭子國來聘，通嗣君也。

穆叔覿鄫大子於晉，以成屬鄫。書曰「叔孫豹、鄫大子巫如晉」，言比諸魯大夫也。

吴子使壽越如晉，辭不會於雞澤之故，且請聽諸侯之好。晉人將爲之合諸侯，使魯、衛先會吴，且告會期。故孟獻子、孫文子會吴於善道。

秋，大雩，旱也。

楚人討陳叛故，曰：「由令尹子辛實侵欲焉。」乃殺之。書曰「楚殺其大夫公子壬夫」，貪也。君子謂楚共王於是不刑。《詩》曰：「周道挺挺，我心扃扃。講見令，集人來定。」己則無信，而殺人以逞，不亦難乎！《夏書》曰：「成允成功。」

九月丙午，盟於戚，會吴，且命戍陳也。穆叔以屬鄫爲不利，使鄫大夫聽命於會。

楚子囊爲令尹。范宣子曰：「我喪陳矣。楚人討貳而立子囊，必改行而疾討陳。陳近於楚，民朝夕急，能無往乎？有陳，非吾事也；無之而後可。」冬，諸侯戍陳。子囊伐陳。十一月甲午，會於城棣以救之。

季文子卒。大夫入斂，公在位。宰庀家器爲葬備，無衣帛之妾，無食粟之馬，無藏金玉，無重器備，君子是以知季文子之忠於公室也——相三君矣，而無私積，可不謂忠乎？

經（襄公六年）

六年春王三月，壬午，杞伯姑容卒。

夏，宋華弱來奔。

秋，葬杞桓公。

滕子來朝。

莒人滅鄫。

冬，叔孫豹如邾。

季孫宿如晉。

十有二月，齊侯滅萊。

傳（襄公六年）

六年春，杞桓公卒。始赴以名，同盟故也。

宋華弱與樂轡少相狎，長相優，又相謗也。子蕩怒，以弓梏華弱於朝。平公見之，曰：「司武而梏於朝，難以勝矣。」遂逐之。夏，宋華弱來奔。司城子罕曰：「同罪異罰，非刑也。專戮於朝，罪孰大焉？」亦逐子蕩。子蕩射子罕之門，曰：「幾日而不我從！」子罕善之如初。

秋，滕成公來朝，始朝公也。

莒人滅鄫，鄫恃賂也。

冬，穆叔如邾，聘，且修平。

晉人以鄫故來討，曰：「何故亡鄫？」季武子如晉見，且聽命。

十一月，齊侯滅萊，萊恃謀也。於鄭子國之來聘也四月，晏弱城東陽，而遂圍萊。甲寅，堙之環城，傅於堞。及杞桓公卒之月，乙未，王湫帥師及正輿子、棠人軍齊師，齊師大敗之。丁未，入萊。萊共公浮柔奔棠，正輿子、王湫奔莒，莒人殺之。四月，陳無宇獻萊宗器於襄宮。晏弱圍棠，十一月丙辰而滅之。遷萊於郳。高厚、崔杼定其田。

經（襄公七年）

七年春，郯子來朝。

夏四月，三卜郊，不從，乃免牲。

小邾子來朝。

城費。

秋，季孫宿如衛。

八月，螽。

冬十月，衛侯使孫林父來聘。壬戌，及孫林父盟。

楚公子貞帥師圍陳。

十有二月，公會晉侯、宋公、陳侯、衛侯、曹伯、莒子、邾子於鄬。鄭伯髡頑如會，未見諸侯，丙戌，卒於鄵。

陳侯逃歸。

傳（襄公七年）

七年春，郯子來朝，始朝公也。

夏四月，三卜郊，不從，乃免牲。

孟獻子曰：「吾乃今而後知有卜、筮。夫郊祀后稷，以祈農事也。是故啓蟄而郊，郊而後耕。今既耕而卜郊，宜其不從也。」

南遺爲費宰。叔仲昭伯爲隧正，欲善季氏，而求媚於南遺。謂遺：「請城費，吾多與而役。」故季氏城費。

小邾穆公來朝，亦始朝公也。

秋，季武子如衛，報子叔之聘，且辭緩報，非貳也。

冬十月，晉韓獻子告老，公族穆子有廢疾，將立之。辭曰：「《詩》曰：『豈不夙夜？謂行多露。』又曰：『弗躬弗親，庶民弗信。』無忌不才，讓其可乎？請立起也。與田蘇游，而曰『好仁』。《詩》曰：『靖共爾位，好是正直。神之聽之，介爾景福。』恤民爲德，正直爲正，正曲爲直，參和爲仁。如是則神聽之，介福降之。立之，不亦可乎？」

庚戌，使宣子朝，遂老。晉侯謂韓無忌仁，使掌公族大夫。

衛孫文子來聘，且拜武子之言，而尋孫桓子之盟。公登亦登。叔孫穆子相，趨進，曰：「諸侯之會，寡君未嘗後衛君。今吾子不後寡君，寡君未知所過。吾子其少安！」孫子無辭，亦無悛容。

穆叔曰：「孫子必亡。爲臣而君，過而不悛，亡之本也。《詩》曰：『退食自公，委蛇委蛇』，謂從者也。衡而委蛇，必折。」

楚子囊圍陳，會於鄬以救之。鄭僖公之爲大子也，於成之十六年與子罕適晉，不禮焉。又與子豐適楚，亦不禮焉。及其元年朝於晉，子豐欲愬諸晉而廢之，子罕止之。及將會於鄬，子駟相，又不禮焉。侍者諫，不聽；又諫，殺之。及鄵，子駟使賊夜弒僖公，而以瘧疾赴於諸侯。簡公生五年，奉而立之。

陳人患楚。慶虎、慶寅謂楚人曰：「吾使公子黄往，而執之。」楚人從之。二慶使告陳侯於會，曰：「楚人執公子黄矣。君若不來，羣臣不忍社稷宗廟，懼有二圖。」陳侯逃歸。

經（襄公八年）

八年春王正月，公如晉。

夏，葬鄭僖公。

鄭人侵蔡，獲蔡公子燮。

季孫宿會晉侯、鄭伯、齊人、宋人、衛人、邾人於邢丘。

公至自晉。

莒人伐我東鄙。

秋九月，大雩。

冬，楚公子貞帥師伐鄭。

晉侯使士匄來聘。

傳（襄公八年）

八年春，公如晉，朝，且聽朝聘之數。

鄭羣公子以僖公之死也，謀子駟。子駟先之。夏四月庚辰，辟殺子狐、子熙、子侯、子丁。孫擊、孫惡出奔衛。

庚寅，鄭子國、子耳侵蔡，獲蔡司馬公子燮。鄭人皆喜，唯子產不順，曰：「小國無文德而有武功，禍莫大焉。楚人來討，能勿從乎？從之，晉師必至。晉、楚伐鄭，自今鄭國不四、五年弗得寧矣。」子國怒之曰：「爾何知！國有大命，而有正卿，童子言焉，將爲戮矣！」

五月甲辰，會於邢丘，以命朝聘之數，使諸侯之大夫聽命。季孫宿、齊高厚、宋向戌、衛甯殖、邾大夫會之。鄭伯獻捷於會，故親聽命。大夫不書，尊晉侯也。

莒人伐我東鄙，以疆鄫田。

秋九月，大雩，旱也。

冬，楚子囊伐鄭，討其侵蔡也。子駟、子國、子耳欲從楚，子孔、子蟜、子展欲待晉。子駟曰：「《周詩》有之曰：『俟河之清，人壽幾何？兆云詢多，職競作羅。』謀之多族，民之多違，事滋無成。民急矣，姑從楚，以紓吾民。晉師至，吾又從之。敬共幣帛，以待來者，小國之道也。犧牲玉帛，待於二竟，以待彊者而庇民焉。寇不爲害，民不罷病，不亦可乎？」

子展曰：「小所以事大，信也。小國無信，兵亂日至，亡無日矣。五會之信，今將背之，雖楚救我，將安用之？親我無成，鄙我是欲，不可從也。不如待晉。晉君方明，四軍無闕，八卿和睦，必不棄鄭。楚師遼遠，糧食將盡，必將速歸，何患焉？舍之聞之：杖莫如信。完守以老楚，杖信以待晉，不亦可乎？」

子駟曰：「《詩》云：『謀夫孔多，是用不集。發言盈庭，誰敢執其咎？如匪行邁謀，是用不得於道。』請從楚，騑也受其咎。」

乃及楚平，使王子伯駢告於晉曰：「君命敝邑：『修而車賦，儆而師徒，以討亂略。』蔡人不從，敝邑之人不敢寧處，悉索敝賦，以討於蔡，獲司馬燮，獻於邢丘。今楚來討曰：『女何故稱兵於蔡？』焚我郊保，馮陵我城郭。敝邑之衆，夫婦男女，不遑啓處，以相救也。翦焉傾覆，無所控告。民死亡者，非其父兄，即其子弟。夫人愁痛，不知所庇。民知窮困，而受盟於楚。孤也與其二三臣不能禁止，不敢不告。」

知武子使行人子員對之曰：「君有楚命，亦不使一个行李告於寡君，而即安於楚。

君之所欲也，誰敢違君？寡君將帥諸侯以見於城下。唯君圖之！」

晉范宣子來聘，且拜公之辱，告將用師於鄭。公享之。宣子賦《摽有梅》。季武子曰：「誰敢哉？今譬於草木，寡君在君，君之臭味也。歡以承命，何時之有？」武子賦《角弓》。賓將出，武子賦《彤弓》。宣子曰：「城濮之役，我先君文公獻功於衡雍，受彤弓於襄王，以爲子孫藏。匄也，先君守官之嗣也，敢不承命？」君子以爲知禮。

經（襄公九年）

九年春，宋災。

夏，季孫宿如晉。

五月辛酉，夫人姜氏薨。

秋八月癸未，葬我小君穆姜。

冬，公會晉侯、宋公、衛侯、曹伯、莒子、邾子、滕子、薛伯、杞伯、小邾子、齊世子光伐鄭。十有二月己亥，同盟於戲。

楚子伐鄭。

傳（襄公九年）

九年春，宋災，樂喜爲司城以爲政，使伯氏司里。火所未至，徹小屋，塗大屋，陳畚局；具綆缶，堪器；量輕重，蓄水潦，積土塗；巡丈城，繕守備，表火道。使華臣具正徒，令隧正納郊保，奔火所。使華閱討右官，官庀其司。向戌討左，亦如之。使樂遄庀刑器，亦如之。使皇鄖命校正出馬，工正出車，勞兵，庀武守。使西鉏吾庀府守，令司宮、巷伯儆宮。二師令四鄉正敬享，祝宗用馬於四墉，祀盤庚於西門之外。

晉侯問於士弱曰：「吾聞之：宋災於是乎知有天道，何故？」對曰：「古之火正，或食於心，或食於咮，以出內火。是故咮爲鶉火，心爲大火。陶唐氏之火正閼伯居商丘，祀大火而火紀時焉。相土因之，故商主大火。商人閱其禍敗之釁，必始於火，是以日知其有天道也。」公曰：「可必乎？」對曰：「在道。國亂無象，不可知也。」

夏，季武子如晉，報宣子之聘也。

穆姜薨於東宮。始往而筮之，遇《艮》之八䷳。史曰：「是謂《艮》之《隨》䷐。《隨》，其出也。君必速出！」姜曰：「亡！是於《周易》曰：『《隨》，元、亨、利、貞，无咎。』元，體之長也；亨，嘉之會也；利，義之和也；貞，事之幹也。體仁足以長人，嘉德足以合禮，利物足以和義，貞固足以幹事。然，故不可誣也，是以雖《隨》无咎。今我婦人而與於亂。固在下位而有不仁，不可謂元。不靖國家，不可謂亨。作而害身，不可謂利。棄位而姣，不可謂貞。有四德者，《隨》而无咎。我皆無之，豈《隨》也哉？我則取惡，能无咎乎？必死於此，弗得出矣。」

秦景公使士雃乞師於楚，將以伐晉，楚子許之。子囊曰：「不可，當今吾不能與晉爭。晉君類能而使之，舉不失選，官不易方；其卿讓於善，其大夫不失守，其士競於教，其庶人力於農穡，商工皂隸不知遷業。韓厥老矣，知罃稟焉以爲政。范匄少於中行

偃而上之，使佐中軍。韓起少於欒黶，而欒黶、士魴上之，使佐上軍。魏絳多功，以趙武爲賢，而爲之佐。君明臣忠，上讓下競。當是時也，晉不可敵，事之而後可。君其圖之！」王曰：「吾既許之矣，雖不及晉，必將出師。」

秋，楚子師於武城，以爲秦援。

秦人侵晉。晉饑，弗能報也。

冬十月，諸侯伐鄭。庚午，季武子、齊崔杼、宋皇鄖從荀罃、士匄門於鄟門，衛北宮括、曹人、邾人從荀偃、韓起門於師之梁，滕人、薛人從欒黶、士魴門於北門，杞人、郳人從趙武、魏絳斬行栗。甲戌，師於汜。令於諸侯曰：「修器備，盛餱糧，歸老幼，居疾於虎牢，肆眚，圍鄭。」

鄭人恐，乃行成。中行獻子曰：「遂圍之，以待楚人之救也，而與之戰，不然，無成。」知武子曰：「許之盟而還師，以敝楚人。吾三分四軍，與諸侯之銳，以逆來者，於我未病，楚不能矣。猶愈於戰。暴骨以逞，不可以爭。大勞未艾。君子勞心，小人勞力，先王之制也。」諸侯皆不欲戰，乃許鄭成。十一月己亥，同盟於戲，鄭服也。

將盟，鄭六卿公子騑、公子發、公子嘉、公孫輒、公孫蠆、公孫舍之及其大夫、門子，皆從鄭伯。晉士莊子爲載書曰：「自今日既盟之後，鄭國而不唯晉命是聽，而或有異志者，有如此盟！」公子騑趨進曰：「天禍鄭國，使介居二大國之間，大國不加德音，而亂以要之，使其鬼神不獲歆其禋祀，其民人不獲享其土利，夫婦辛苦墊隘，無所厎告。自今日既盟之後，鄭國而不唯有禮與彊可以庇民者是從，而敢有異志者，亦如之！」荀偃曰：「改載書！」公孫舍之曰：「昭大神要言焉。若可改也，大國亦可叛也。」知武子謂獻子曰：「我實不德，而要人以盟，豈禮也哉？非禮，何以主盟？姑盟而退，修德息師而來，終必獲鄭，何必今日？我之不德，民將棄我，豈唯鄭？若能休和，遠人將至，何恃於鄭？」乃盟而還。

晉人不得志於鄭，以諸侯復伐之。十二月癸亥，門其三門。閏月戊寅，濟於陰阪，侵鄭。次於陰口而還。子孔曰：「晉師可擊也，師老而勞，且有歸志，必大克之。」子展曰：「不可。」

公送晉侯，晉侯以公宴於河上，問公年。季武子對曰：「會於沙隨之歲，寡君以生。」晉侯曰：「十二年矣，是謂一終，一星終也。國君十五而生子，冠而生子，禮也。君可以冠矣。大夫盍爲冠具？」武子對曰：「君冠，必以祼享之禮行之，以金石之樂節之，以先君之祧處之。今寡君在行，未可具也，請及兄弟之國而假備焉。」晉侯曰：「諾。」公還，及衛，冠於成公之廟，假鐘磬焉，禮也。

楚子伐鄭。子駟將及楚平，子孔、子蟜曰：「與大國盟，口血未乾而背之，可乎？」子駟、子展曰：「吾盟固云『唯彊是從』，今楚師至，晉不我救，則楚彊矣。盟誓之言，豈敢背之？且要盟無質，神弗臨也。所臨唯信，信者，言之瑞也，善之主也，是故臨之。明神不蠲要盟，背之，可也。」乃及楚平。公子罷戎入盟，同盟於中分。楚莊夫人卒，王未能定鄭而歸。

晉侯歸，謀所以息民。魏絳請施舍，輸積聚以貸。自公以下，苟有積者，盡出之。

國無滯積，亦無困人；公無禁利，亦無貪民。祈以幣更，賓以特牲，器用不作，車服從給。行之期年，國乃有節。三駕而楚不能與爭。

經（襄公十年）

十年春，公會晉侯、宋公、衛侯、曹伯、莒子、邾子、滕子、薛伯、杞伯、小邾子、齊世子光會吳於柤。

夏五月甲午，遂滅偪陽。

公至自會。

楚公子貞、鄭公孫輒帥師伐宋。

晉師伐秦。

秋，莒人伐我東鄙。

公會晉侯、宋公、衛侯、曹伯、莒子、邾子、齊世子光、滕子、薛伯、杞伯、小邾子伐鄭。

冬，盜殺鄭公子騑、公子發、公孫輒。

戍鄭虎牢。

楚公子貞帥師救鄭。

公至自伐鄭。

傳（襄公十年）

十年春，會於柤，會吳子壽夢也。

三月癸丑，齊高厚相大子光，以先會諸侯於鍾離，不敬。士莊子曰：「高子相大子以會諸侯，將社稷是衛，而皆不敬，棄社稷也，其將不免乎！」夏四月戊午，會於柤。

晉荀偃、士匄請伐偪陽，而封宋向戌焉。荀罃曰：「城小而固，勝之不武，弗勝爲笑。」固請。丙寅，圍之，弗克。孟氏之臣秦堇父輦重如役。偪陽人啓門，諸侯之士門焉。縣門發，郰人紇抉之，以出門者。狄虒彌建大車之輪，而蒙之以甲，以爲櫓。左執之，右拔戟，以成一隊。孟獻子曰：「《詩》所謂『有力如虎』者也。」主人縣布，堇父登之，及堞而絶之。隊則又縣之。蘇而復上者三，主人辭焉，乃退。帶其斷以徇於軍三日。

諸侯之師久於偪陽，荀偃、士匄請於荀罃曰：「水潦將降，懼不能歸，請班師。」知伯怒，投之以機，出於其間，曰：「女成二事，而後告余。余恐亂命，以不女違。女既勤君而興諸侯，牽帥老夫以至於此，既無武守，而又欲易余罪，曰：『是實班師。不然，克矣。』余羸老也，可重任乎？七日不克，必爾乎取之！」五月庚寅，荀偃、士匄帥卒攻偪陽，親受矢石，甲午，滅之。書曰「遂滅偪陽」，言自會也。以與向戌。向戌辭曰：「君若猶辱鎮撫宋國，而以偪陽光啓寡君，羣臣安矣，其何貺如之！若專賜臣，是臣興諸侯以自封也，其何罪大焉！敢以死請。」乃予宋公。

宋公享晉侯於楚丘，請以桑林。荀罃辭。荀偃、士匄曰：「諸侯宋、魯，於是觀禮。

魯有禘樂，賓祭用之。宋以《桑林》享君，不亦可乎？」舞，師題以旌夏。晉侯懼而退入於房。去旌，卒享而還。及著雍，疾。卜，桑林見。荀偃、士匄欲奔請禱焉，荀罃不可，曰：「我辭禮矣，彼則以之。猶有鬼神，於彼加之。」晉侯有間，以偪陽子歸，獻於武宮，謂之夷俘。偪陽，妘姓也。使周内史選其族嗣納諸霍人，禮也。師歸，孟獻子以秦堇父爲右。生秦丕茲，卒尼。

六月，楚子囊、鄭子耳伐宋，師於訾毋。庚午，圍宋，門於桐門。

晉荀罃伐秦，報其侵也。

衛侯救宋，師於襄牛。鄭子展曰：「必伐衛。不然，是不與楚也。得罪於晉，又得罪於楚，國將若之何？」子駟曰：「國病矣。」子展曰：「得罪於二大國，必亡。病，不猶愈於亡乎？」諸大夫皆以爲然。故鄭皇耳帥師侵衛，楚令也。孫文子卜追之，獻兆於定姜。姜氏問繇。曰：「兆如山陵，有夫出征，而喪其雄。」姜氏曰：「征者喪雄，禦寇之利也。大夫圖之！」衛人追之，孫蒯獲鄭皇耳於犬丘。

秋七月，楚子囊、鄭子耳侵我西鄙。還，圍蕭。八月丙寅，克之。九月，子耳侵宋北鄙。

孟獻子曰：「鄭其有災乎！師競已甚。周猶不堪競，況鄭乎！有災，其執政之三士乎！」

莒人間諸侯之有事也，故伐我東鄙。

諸侯伐鄭，齊崔杼使大子光先至於師，故長於滕。己酉，師於牛首。

初，子駟與尉止有爭，將禦諸侯之師，而黜其車。尉止獲，又與之爭。子駟抑尉止曰：「爾車非禮也。」遂弗使獻。初，子駟爲田洫，司氏、堵氏、侯氏、子師氏皆喪田焉。故五族聚羣不逞之人因公子之徒以作亂。

於是子駟當國，子國爲司馬，子耳爲司空，子孔爲司徒。冬十月戊辰，尉止、司臣、侯晉、堵女父、子師僕帥賊以入，晨攻執政於西宮之朝，殺子駟、子國、子耳，劫鄭伯以如北宮。子孔知之，故不死。書曰「盜」，言無大夫焉。

子西聞盜，不儆而出，尸而追盜。盜入於北宮，乃歸，授甲，臣妾多逃，器用多喪。子産聞盜，爲門者，庀羣司，閉府庫，愼閉藏，完守備，成列而後出，兵車十七乘。尸而攻盜於北宮，子蟜帥國人助之，殺尉止、子師僕，盜衆盡死。侯晉奔晉，堵女父、司臣、尉翩、司齊奔宋。

子孔當國，爲載書，以位序、聽政辟。大夫、諸司、門子弗順，將誅之。子産止之，請爲之焚書。子孔不可，曰：「爲書以定國，衆怒而焚之，是衆爲政也，國不亦難乎？」子産曰：「衆怒難犯，專欲難成，合二難以安國，危之道也。不如焚書以安衆，子得所欲，衆亦得安，不亦可乎？專欲無成，犯衆興禍，子必從之！」乃焚書於倉門之外，衆而後定。

諸侯之師城虎牢而戍之，晉師城梧及制，士魴、魏絳戍之。書曰「戍鄭虎牢」，非鄭地也，言將歸焉。鄭及晉平。

楚子囊救鄭。十一月，諸侯之師還鄭而南，至於陽陵。楚師不退。知武子欲退，

曰：「今我逃楚，楚必驕，驕則可與戰矣。」欒黶曰：「逃楚，晉之恥也。合諸侯以益恥，不如死。我將獨進。」師遂進。己亥，與楚師夾潁而軍。

子蟜曰：「諸侯既有成行，必不戰矣。從之將退，不從亦退。退，楚必圍我。猶將退也，不如從楚，亦以退之。」宵涉潁，與楚人盟。欒黶欲伐鄭師，荀罃不可，曰：「我實不能禦楚，又不能庇鄭，鄭何罪？不如致怨焉而還。今伐其師，楚必救之。戰而不克，爲諸侯笑。克不可命，不如還也。」丁未，諸侯之師還，侵鄭北鄙而歸。楚人亦還。

王叔陳生與伯輿争政，王右伯輿。王叔陳生怒而出奔。及河，王復之，殺史狡以説焉。不入，遂處之。晉侯使士匄平王室，王叔與伯輿訟焉。王叔之宰與伯輿之大夫瑕禽坐獄於王庭，士匄聽之。王叔之宰曰：「篳門閨竇之人而皆陵其上，其難爲上矣。」瑕禽曰：「昔平王東遷，吾七姓從王，牲用喋，王賴之，而賜之騂旄之盟，曰：『世世無失職。』若篳門閨竇，其能來東底乎？且王何賴焉？今自王叔之相也，政以賄成，而刑放於寵。官之師旅，不勝其富，吾能無篳門閨竇乎？唯大國圖之！下而無直，則何謂正矣？」范宣子曰：「天子所右，寡君亦右之；所左，亦左之。」使王叔氏與伯輿合要，王叔氏不能舉其契。王叔奔晉。不書，不告也。單靖公爲卿士以相王室。

經（襄公十一年）

十有一年春王正月，作三軍。

夏四月，四卜郊，不從，乃不郊。

鄭公孫舍之帥師侵宋。

公會晉侯、宋公、衛侯、曹伯、齊世子光、莒子、邾子、滕子、薛伯、杞伯、小邾子伐鄭。

秋七月己未，同盟於亳城北。

公至自伐鄭。

楚子、鄭伯伐宋。

公會晉侯、宋公、衛侯、曹伯、齊世子光、莒子、邾子、滕子、薛伯、杞伯、小邾子伐鄭，會於蕭魚。

公至自會。

楚人執鄭行人良霄。

冬，秦人伐晉。

傳（襄公十一年）

十一年春，季武子將作三軍，告叔孫穆子曰：「請爲三軍，各征其軍。」穆子曰：「政將及子，子必不能。」武子固請之。穆子曰：「然則盟諸？」乃盟諸僖閎，詛諸五父之衢。

正月，作三軍，三分公室而各有其一。三子各毁其乘。季氏使其乘之人，以其役邑入者無征，不入者倍征。孟氏使半爲臣，若子若弟。叔孫氏使盡爲臣，不然不舍。

鄭人患晉、楚之故，諸大夫曰：「不從晉，國幾亡。楚弱於晉，晉不吾疾也。晉疾，

楚將辟之。何爲而使晉師致死於我？楚弗敢敵，而後可固與也。」子展曰：「與宋爲惡，諸侯必至，吾從之盟。楚師至，吾又從之，則晉怒殃。晉能驟來，楚將不能，吾乃固與晉。」大夫説之，使疆埸之司惡於宋。宋向戌侵鄭，大獲。子展曰：「師而伐宋可矣。若我伐宋，諸侯之伐我必疾，吾乃聽命焉，且告於楚。楚師至，吾乃與之盟，而重賂晉師，乃免矣。」夏，鄭子展侵宋。

四月，諸侯伐鄭。己亥，齊大子光、宋向戌先至於鄭，門於東門。其莫，晉荀罃至於西郊，東侵舊許。衞孫林父侵其北鄙。六月，諸侯會於北林，師於向。右還，次於瑣。圍鄭，觀兵於南門，西濟於濟隧。鄭人懼，乃行成。

秋七月，同盟於亳。范宣子曰：「不慎，必失諸侯。諸侯道敝而無成，能無貳乎？」乃盟。載書曰：「凡我同盟，毋蘊年，毋壅利，毋保奸，毋留慝，救災患，恤禍亂，同好惡，奬王室。或間兹命，司慎、司盟，名山、名川，羣神、羣祀，先王、先公，七姓十二國之祖，明神殛之，俾失其民，隊命亡氏，踣其國家。」

楚子囊乞旅於秦。秦右大夫詹帥師從楚子，將以伐鄭。鄭伯逆之。丙子，伐宋。

九月，諸侯悉師以復伐鄭，鄭人使良霄、大宰石㚟如楚，告將服於晉，曰：「孤以社稷之故，不能懷君。君若能以玉帛綏晉，不然，則武震以攝威之，孤之願也。」楚人執之。書曰「行人」，言使人也。諸侯之師觀兵於鄭東門。鄭人使王子伯駢行成。甲戌，晉趙武入盟鄭伯。冬十月丁亥，鄭子展出盟晉侯。十二月戊寅，會於蕭魚。庚辰，赦鄭囚，皆禮而歸之；納斥候；禁侵掠。晉侯使叔肸告於諸侯。公使臧孫紇對曰：「凡我同

盟，小國有罪，大國致討，苟有以藉手，鮮不赦宥，寡君聞命矣。」

鄭人賂晉侯以師悝、師觸、師蠲；廣車、軘車淳十五乘，甲兵備，凡兵車百乘；歌鐘二肆，及其鎛、磬；女樂二八。

晉侯以樂之半賜魏絳，曰：「子教寡人和諸戎狄以正諸華，八年之中，九合諸侯，如樂之和，無所不諧，請與子樂之。」辭曰：「夫和戎狄，國之福也；八年之中，九合諸侯，諸侯無慝，君之靈也，二三子之勞也，臣何力之有焉？抑臣願君安其樂而思其終也。《詩》曰：『樂只君子，殿天子之邦。樂只君子，福禄攸同。便蕃左右，亦是帥從。』夫樂以安德，義以處之，禮以行之，信以守之，仁以厲之，而後可以殿邦國、同福禄、來遠人，所謂樂也。《書》曰：『居安思危。』思則有備，有備無患。敢以此規。」公曰：「子之教，敢不承命？抑微子，寡人無以待戎，不能濟河。夫賞，國之典也，藏在盟府，不可廢也。子其受之！」魏絳於是乎始有金石之樂，禮也。

秦庶長鮑、庶長武帥師伐晉以救鄭。鮑先入晉地，士魴禦之，少秦師而弗設備。壬午，武濟自輔氏，與鮑交伐晉師。己丑，秦、晉戰於櫟，晉師敗績，易秦故也。

經（襄公十二年）

十有二年春王二月，莒人伐我東鄙，圍台。

季孫宿帥師救台，遂入鄆。

夏，晉侯使士魴來聘。

[illegible]

（襄公十二年）

[illegible]

[illegible]

秋九月，吴子乘卒。

冬，楚公子貞帥師侵宋。

公如晉。

傳（襄公十二年）

十二年春，莒人伐我東鄙，圍台。季武子救台，遂入鄆，取其鐘以爲公盤。

夏，晉士魴來聘，且拜師。

秋，吴子壽夢卒，臨於周廟，禮也。凡諸侯之喪，異姓臨於外，同姓於宗廟，同宗於祖廟，同族於禰廟。是故魯爲諸姬，臨於周廟；爲邢、凡、蔣、茅、胙、祭，臨於周公之廟。

冬，楚子囊、秦庶長無地伐宋，師於楊梁，以報晉之取鄭也。

靈王求后於齊，齊侯問對於晏桓子。桓子對曰：「先王之禮辭有之。天子求后於諸侯，諸侯對曰：『夫婦所生若而人，妾婦之子若而人。』無女而有姊妹及姑姊妹，則曰：『先守某公之遺女若而人。』」齊侯許婚。王使陰里結之。

公如晉朝，且拜士魴之辱，禮也。

秦嬴歸於楚。楚司馬子庚聘於秦，爲夫人寧，禮也。

經（襄公十三年）

十有三年春，公至自晉。

夏，取邿。

秋九月庚辰，楚子審卒。

冬，城防。

傳（襄公十三年）

十三年春，公至自晉，孟獻子書勞於廟，禮也。

夏，邿亂，分爲三。師救邿，遂取之。凡書取，言易也；用大師焉曰滅；弗地曰入。

荀罃、士魴卒，晉侯蒐於緜上以治兵。使士匄將中軍，辭曰：「伯游長。昔臣習於知伯，是以佐之，非能賢也。請從伯游。」荀偃將中軍，士匄佐之。使韓起將上軍，辭以趙武。又使欒黶，辭曰：「臣不如韓起，韓起願上趙武，君其聽之。」使趙武將上軍，韓起佐之；欒黶將下軍，魏絳佐之。新軍無帥，晉侯難其人，使其什吏率其卒乘官屬，以從於下軍，禮也。晉國之民是以大和，諸侯遂睦。

君子曰：「讓，禮之主也。范宣子讓，其下皆讓，欒黶爲汰，弗敢違也。晉國以平，劇賴之，刑善也夫！一人刑善，百姓休和，可不務乎！《書》曰：『一人有慶，兆民賴之，其寧惟永』，其是之謂乎！周之興也，其《詩》曰：『儀刑文王，萬邦作孚』，言刑善也。及其衰也，其《詩》曰：『大夫不均，我從事獨賢』，言不讓也。世之治也，君子尚能而讓其下，小人農力以其上，是以上下有禮，而讒慝黜遠，由不爭也，謂之懿德。及其亂也，君子稱其功以加小人，小人伐其技以馮君子，是以上下無禮，亂虐並生，由爭善也，謂之昏德。國家之敝，恒必由之。」

楚子疾，告大夫曰：「不穀不德，少主社稷。生十年而喪先君，未及習師保之教訓而應受多福，是以不德，而亡師於鄢；以辱社稷，爲大夫憂，其弘多矣。若以大夫之靈，獲保首領以歿於地，唯是春秋窀穸之事、所以從先君於禰廟者，請爲『靈』若『厲』。大夫擇焉。」莫對。及五命，乃許。秋，楚共王卒。子囊謀謚。大夫曰：「君有命矣。」子囊曰：「君命以共，若之何毀之？赫赫楚國，而君臨之，撫有蠻夷，奄征南海，以屬諸夏，而知其過，可不謂共乎？請謚之『共』。」大夫從之。

吴侵楚，養由基奔命，子庚以師繼之。養叔曰：「吴乘我喪，謂我不能師也，必易我而不戒。子爲三覆以待我，我請誘之。」子庚從之。戰於庸浦，大敗吴師，獲公子黨。君子以吴爲不弔，《詩》曰：「不弔昊天，亂靡有定。」

冬，城防。書事，時也。於是將早城，臧武仲請俟畢農事，禮也。

鄭良霄、大宰石㚟猶在楚。石㚟言於子囊曰：「先王卜征五年，而歲習其祥，祥習則行。不習，則增修德而改卜。今楚實不競，行人何罪？止鄭一卿，以除其偪，使睦而疾楚，以固於晉，焉用之？使歸而廢其使，怨其君以疾其大夫，而相牽引也，不猶愈乎？」楚人歸之。

經（襄公十四年）

十有四年春王正月，季孫宿、叔老會晉士匄、齊人、宋人、衛人、鄭公孫蠆、曹人、莒人、邾人、滕人、薛人、杞人、小邾人會吴於向。

二月乙未朔，日有食之。

夏四月，叔孫豹會晉荀偃、齊人、宋人、衛北宫括、鄭公孫蠆、曹人、莒人、邾人、滕人、薛人、杞人、小邾人伐秦。

己未，衛侯出奔齊。

莒人侵我東鄙。

秋，楚公子貞帥師伐吴。

冬，季孫宿會晉士匄、宋華閲、衛孫林父、鄭公孫蠆、莒人、邾人於戚。

傳（襄公十四年）

十四年春，吴告敗於晉。會於向，爲吴謀楚故也。范宣子數之不德也，以退吴人。

執莒公子務婁，以其通楚使也。

將執戎子駒支，范宣子親數諸朝，曰：「來！姜戎氏！昔秦人迫逐乃祖吾離於瓜州，乃祖吾離被苫蓋、蒙荆棘以來歸我先君，我先君惠公有不腆之田，與女剖分而食之。今諸侯之事我寡君不如昔者，蓋言語漏洩，則職女之由。詰朝之事，爾無與焉。與，將執女。」對曰：「昔秦人負恃其衆，貪於土地，逐我諸戎。惠公蠲其大德，謂我諸戎，是四嶽之裔胄也，毋是翦棄。賜我南鄙之田，狐狸所居，豺狼所嗥。我諸戎除翦其荆棘，驅其狐狸豺狼，以爲先君不侵不叛之臣，至於今不貳。昔文公與秦伐鄭，秦人竊與鄭盟而舍戍焉，於是乎有殽之師。晉禦其上，戎亢其下，秦師不復，我諸戎實然。譬如捕鹿，晉人角之，諸戎掎之，與晉踣之。戎何以不免？自是以來，晉之百役，與我諸戎相

繼於時，以從執政，猶殽志也，豈敢離逖？今官之師旅無乃實有所闕，以携諸侯而罪我諸戎！我諸戎飲食衣服不與華同，贄幣不通，言語不達，何惡之能爲？不與於會，亦無懵焉。」賦《青蠅》而退。宣子辭焉，使即協會，成愷悌也。

於是子叔齊子爲季武子介以會，自是晉人輕魯幣而益敬其使。

吳子諸樊既除喪，將立季札。季札辭曰：「曹宣公之卒也，諸侯與曹人不義曹君，將立子臧。子臧去之，遂弗爲也，以成曹君。君子曰『能守節』。君，義嗣也，誰敢奸君，有國，非吾節也。札雖不才，願附於子臧，以無失節。」固立之，棄其室而耕，乃舍之。

夏，諸侯之大夫從晉侯伐秦，以報櫟之役也。晉侯待於竟，使六卿帥諸侯之師以進。及涇，不濟。叔向見叔孫穆子，穆子賦《匏有苦葉》，叔向退而具舟。魯人、莒人先濟。鄭子蟜見衛北宮懿子曰：「與人而不固，取惡莫甚焉，若社稷何？」懿子說。二子見諸侯之師而勸之濟。濟涇而次。秦人毒涇上流，師人多死。鄭司馬子蟜帥鄭師以進，師皆從之，至於棫林，不獲成焉。荀偃令曰：「雞鳴而駕，塞井夷竈，唯余馬首是瞻。」欒黶曰：「晉國之命，未是有也。余馬首欲東。」乃歸。下軍從之。左史謂魏莊子曰：「不待中行伯乎？」莊子曰：「夫子命從帥，欒伯，吾帥也，吾將從之。從帥，所以待夫子也。」伯游曰：「吾令實過，悔之何及！多遺秦禽。」乃命大還。晉人謂之「遷延之役」。欒鍼曰：「此役也，報櫟之敗也。役又無功，晉之恥也。吾有二位於戎路，敢不恥乎？」與士鞅馳秦師，死焉。士鞅反。欒黶謂士匄曰：「余弟不欲往，而子召之。余弟死，而子來，是而子殺余之弟也。弗逐，余亦將殺之。」士鞅奔秦。

於是齊崔杼、宋華閱、仲江會伐秦。不書，惰也。向之會亦如之。衛北宮括不書於向，書於伐秦，攝也。

秦伯問於士鞅曰：「晉大夫其誰先亡？」對曰：「其欒氏乎！」秦伯曰：「以其汰乎？」對曰：「然。欒黶汰虐已甚，猶可以免，其在盈乎！」秦伯曰：「何故？」對曰：「武子之德在民，如周人之思召公焉，愛其甘棠，況其子乎？欒黶死，盈之善未能及人，武子所施没矣，而黶之怨實章，將於是乎在。」秦伯以爲知言，爲之請於晉而復之。

衛獻公戒孫文子、甯惠子食，皆服而朝，日旰不召，而射鴻於囿。二子從之，不釋皮冠而與之言。二子怒。孫文子如戚，孫蒯入使。公飲之酒，使大師歌《巧言》之卒章。大師辭。師曹請爲之。初，公有嬖妾，使師曹誨之琴，師曹鞭之。公怒，鞭師曹三百。故師曹欲歌之，以怒孫子，以報公。公使歌之，遂誦之。蒯懼，告文子。文子曰：「君忌我矣，弗先，必死。」並帑於戚而入，見蘧伯玉，曰：「君之暴虐，子所知也。大懼社稷之傾覆，將若之何？」對曰：「君制其國，臣敢奸之？雖奸之，庸知愈乎？」遂行，從近關出。

公使子蟜、子伯、子皮與孫子盟於丘宮，孫子皆殺之。四月己未，子展奔齊，公如鄄。使子行請於孫子，孫子又殺之。公出奔齊，孫氏追之，敗公徒於阿澤，鄄人執之。

初，尹公佗學射於庾公差，庾公差學射於公孫丁。二子追公，公孫丁御公。子魚曰：「射爲背師，不射爲戮，射爲禮乎？」射兩軥而還。

尹公佗曰：「子爲師，我則遠矣。」乃反之。公孫丁授公轡而射之，貫臂。

子鮮從公。及竟，公使祝宗告亡，且告無罪。定姜曰：「無神，何告？若有，不可誣也。有罪，若何告無？舍大臣而與小臣謀，一罪也。先君有冢卿以爲師保，而蔑之，二罪也。余以巾櫛味君，而暴妾使余，三罪也。告亡而已，無告無罪！」公使厚成叔弔於衛，曰：「寡君使瘠，聞君不撫社稷，而越在他竟，若之何不弔？以同盟之故，使瘠敢私於執事，曰：『有君不弔，有臣不敏；君不赦宥，臣亦不帥職，增淫發洩，其若之何？』」衛人使大叔儀對，曰：「羣臣不佞，得罪於寡君。寡君不以即刑，而悼棄之，以爲君憂。君不忘先君之好，辱弔羣臣，又重恤之。敢拜君命之辱，重拜大貺。」厚孫歸，復命，語臧武仲曰：「衛君其必歸乎！有大叔儀以守，有母弟鱄以出。或撫其内，或營其外，能無歸乎！」

齊人以郲寄衛侯。及其復也，以郲糧歸。右宰穀從而逃歸，衛人將殺之。辭曰：「余不説初矣。余狐裘而羔袖。」乃赦之。

衛人立公孫剽，孫林父、甯殖相之，以聽命於諸侯。衛侯在郲，臧紇如齊唁衛侯。衛侯與之言，虐。退而告其人曰：「衛侯其不得入矣。其言糞土也。亡而不變，何以復國？」子展、子鮮聞之，見臧紇，與之言，道。臧孫説，謂其人曰：「衛君必入。夫二子者，或挽之，或推之，欲無入，得乎？」

師歸自伐秦。晉侯舍新軍，禮也。成國不過半天子之軍。周爲六軍，諸侯之大者，三軍可也。於是知朔生盈而死，盈生六年而武子卒，彘裘亦幼，皆未可立也。新軍無帥，故舍之。

師曠侍於晉侯。晉侯曰：「衛人出其君，不亦故？」對曰：「或者其君實甚。良君將賞善而刑淫，養民如子，蓋之如天，容之如地；民奉其君，愛之如父母，仰之如日月，敬之如神明，畏之如雷霆，其可出乎？夫君，神之主而民之望也。若困民之主，匱神乏祀，百姓絶望，社稷無主，將安用之？弗去何爲？天生民而立之君，使司牧之，勿使失性。有君而爲之貳，使師保之，勿使過度。是故天子有公，諸侯有卿，卿置側室，大夫有貳宗，士有朋友，庶人、工商、皁隸、牧圉皆有親暱，以相輔佐也。善則賞之，過則匡之，患則救之，失則革之。自王以下各有父兄子弟以補察其政。史爲書，瞽爲詩，工誦箴諫，大夫規誨，士傳言，庶人謗，商旅於市，百工獻藝。故《夏書》曰：『遒人以木鐸徇於路，官師相規，工執藝沈諫。』正月孟春，於是乎有之，諫失常也。天之愛民殃，豈其使一人肆於民上，以從其淫，而棄天地之性？必不然矣。」

秋，楚子爲庸浦之役故，子囊師於棠，以伐吴。吴人不出而還。子囊殿，以吴爲不能而弗儆。吴人自皋舟之隘要而擊之。楚人不能相救，吴人敗之，獲楚公子宜穀。

王使劉定公賜齊侯命，曰：「昔伯舅大公右我先王，股肱周室，師保萬民。世胙大師，以表東海。王室之不壞，繄伯舅是賴。今余命女環，兹率舅氏之典，纂乃祖考，無忝乃舊。敬之哉！無廢朕命！」

晉侯問衛故於中行獻子。對曰：「不如因而定之。衛有君矣，伐之，未可以得志，而勤諸侯。史佚有言曰：『因重而撫之。』仲虺有言曰：『亡者侮之，亂者取之。推亡、

固存，國之道也。』君其定衛以待時乎！」

冬，會於戚，謀定衛也。

范宣子假羽毛於齊而弗歸，齊人始貳。

楚子囊還自伐吴，卒。將死，遺言謂子庚：「必城郢！」君子謂子囊忠。君薨，不忘增其名；將死，不忘衛社稷，可不謂忠乎？忠，民之望也。《詩》曰：「行歸於周，萬民所望」，忠也。

經（襄公十五年）

十有五年春，宋公使向戌來聘。二月己亥，及向戌盟於劉。

劉夏逆王后於齊。

夏，齊侯伐我北鄙，圍成。公救成，至遇。

季孫宿、叔孫豹帥師城成郛。

秋八月丁巳，日有食之。

邾人伐我南鄙。

冬十有一月癸亥，晉侯周卒。

傳（襄公十五年）

十五年春，宋向戌來聘，且尋盟。見孟獻子，尤其室，曰：「子有令聞而美其室，非所望也。」對曰：「我在晉，吾兄爲之。毁之重勞，且不敢間。」

官師從單靖公逆王后於齊。卿不行，非禮也。

楚公子午爲令尹，公子罷戎爲右尹，蔿子馮爲大司馬，公子櫜師爲右司馬，公子成爲左司馬，屈到爲莫敖，公子追舒爲箴尹，屈蕩爲連尹，養由基爲宫厩尹，以靖國人。君子謂楚於是乎能官人。官人，國之急也。能官人，則民無覦心。《詩》云：「嗟我懷人，寘彼周行」，能官人也。王及公、侯、伯、子、男，甸、采、衛大夫，各居其列，所謂周行也。

鄭尉氏、司氏之亂，其餘盜在宋。鄭人以子西、伯有、子産之故，納賂於宋，以馬四十乘，與師茷、師慧。三月，公孫黑爲質焉。司城子罕以堵女父、尉翩、司齊與之，良司臣而逸之，托諸季武子，武子寘諸卞。鄭人醢三人也。師慧過宋朝，將私焉。其相曰：「朝也。」慧曰：「無人焉。」相曰：「朝也，何故無人？」慧曰：「必無人焉。若猶有人，豈其以千乘之相易淫樂之蒙？必無人焉故也。」子罕聞之，固請而歸之。夏，齊侯圍成，貳於晉故也。於是乎城成郛。

秋，邾人伐我南鄙，使告於晉。晉將爲會以討邾、莒，晉侯有疾，乃止。冬，晉悼公卒，遂不克會。

鄭公孫夏如晉奔喪，子蟜送葬。

宋人或得玉，獻諸子罕。子罕弗受。獻玉者曰：「以示玉人，玉人以爲寶也，故敢獻之。」子罕曰：「我以不貪爲寶，爾以玉爲寶。若以與我，皆喪寶也，不若人有其寶。」稽首而告曰：「小人懷璧，不可以越鄉，納此以請死也。」子罕寘諸其里，使玉人爲之

攻之，富而後使復其所。

十二月，鄭人奪堵狗之妻，而歸諸范氏。

經（襄公十六年）

十有六年春王正月，葬晉悼公。

三月，公會晉侯、宋公、衛侯、鄭伯、曹伯、莒子、邾子、薛伯、杞伯、小邾子於溴梁。戊寅，大夫盟。

晉人執莒子、邾子以歸。

齊侯伐我北鄙。

夏，公至自會。

五月甲子，地震。

叔老會鄭伯、晉荀偃、衛甯殖、宋人伐許。

秋，齊侯伐我北鄙，圍成。

大雩。

冬，叔孫豹如晉。

傳（襄公十六年）

十六年春，葬晉悼公。平公即位，羊舌肸爲傅，張君臣爲中軍司馬，祁奚、韓襄、欒盈、士鞅爲公族大夫，虞丘書爲乘馬御。改服，修官，烝於曲沃。警守而下，會於溴梁。命歸侵田。以我故，執邾宣公、莒犁比公，且曰「通齊、楚之使」。晉侯與諸侯宴於温，使諸大夫舞，曰：「歌詩必類。」齊高厚之詩不類。荀偃怒，且曰：「諸侯有異志矣。」使諸大夫盟高厚，高厚逃歸。於是叔孫豹、晉荀偃、宋向戌、衛甯殖、鄭公孫蠆、小邾之大夫盟，曰：「同討不庭。」

許男請遷於晉。諸侯遂遷許，許大夫不可，晉人歸諸侯。

鄭子蟜聞將伐許，遂相鄭伯以從諸侯之師。穆叔從公。齊子帥師會晉荀偃。書曰「會鄭伯」，爲夷故也。

夏六月，次於棫林。庚寅，伐許，次於函氏。

晉荀偃、欒黶帥師伐楚，以報宋楊梁之役。楚公子格帥師，及晉師戰於湛阪。楚師敗績。晉師遂侵方城之外，復伐許而還。

秋，齊侯圍成，孟孺子速徼之。齊侯曰：「是好勇，去之以爲之名。」速遂塞海陘而還。

冬，穆叔如晉聘，且言齊故。晉人曰：「以寡君之未禘祀，與民之未息，不然，不敢忘。」穆叔曰：「以齊人之朝夕釋憾於敝邑之地，是以大請。敝邑之急，朝不及夕，引領西望曰：『庶幾乎！』比執事之間，恐無及也。」見中行獻子，賦《圻父》。獻子曰：「偃知罪矣，敢不從執事以恤社稷，而使魯及此？」見范宣子，賦《鴻雁》之卒章。宣子曰：「匄在此，敢使魯無鳩乎？」

經（襄公十七年）

十有七年春，王二月庚午，邾子瞷卒。宋人伐陳。夏，衛石買帥師伐曹。秋，齊侯伐我北鄙，圍桃。高厚帥師伐我北鄙，圍防。九月，大雩。宋華臣出奔陳。冬，邾人伐我南鄙。

傳（襄公十七年）

十七年春，宋莊朝伐陳，獲司徒卬，卑宋也。衛孫蒯田于曹隧，飲馬于重丘，毀其瓶。重丘人閉門而詢之，曰：「親逐而君。爾父為厲，是之不憂，而何以田為？」夏，衛石買、孫蒯伐曹，取重丘。曹人愬于晉。齊人以其未得志于我故，秋，齊侯伐我北鄙，圍桃。高厚圍臧紇于防。師自陽關逆臧孫，至于旅松。鄇潰、臧疇、臧賈帥甲三百，宵犯齊師，送之而復，聞臧紇。齊師旋。齊人獲臧堅。齊侯使夙沙衛唁之，且曰：「無死！」堅稽首曰：「拜命之辱。抑君賜不終，姑又使其刑臣禮於士。」以杙抉其傷而死。冬，邾人伐我南鄙，為齊故也。

宋華閱卒，華臣弱皋比之室，使賊殺其宰華吳，賊六人以鈹殺諸盧門合左師之後。左師懼曰：「老夫無罪。」賊曰：「皋比私有討於吳。」遂幽其妻，曰：「畀余而大璧。」宋公聞之，曰：「臣也，不唯其宗室是暴，大亂宋國之政，必逐之。」左師曰：「臣也，亦卿也。大臣不順，國之恥也，不如蓋之。」乃舍之。左師為已短策，苟過華臣之門，必騁。十一月甲午，國人逐瘈狗。瘈狗入于華臣氏，國人從之。華臣懼，遂奔陳。

宋皇國父為大宰，為平公築臺，妨于農功。子罕請俟農功之畢，公弗許。築者謳曰：「澤門之皙，實興我役。邑中之黔，實慰我心。」子罕聞之，親執扑，以行築者，而抶其不勉者，曰：「吾儕小人皆有闔廬以辟燥濕寒暑，今君為一臺而不速成，是何以為役？」謳者乃止。或問其故。子罕曰：「宋國區區，而有詛有祝，禍之本也。」

齊晏桓子卒，晏嬰麤縗斬，苴絰、帶、杖，菅屨，食鬻，居倚廬，寢苫、枕草。其老曰：「非大夫之禮也。」曰：「唯卿為大夫。」

經（襄公十八年）

十有八年春，白狄來。夏，晉人執衛行人石買。秋，齊師伐我北鄙。冬十月，公會晉侯、宋公、衛侯、鄭伯、曹伯、莒子、邾子、滕子、薛伯、杞伯、小邾子同圍齊。曹伯負芻卒于師。楚公子午帥師伐鄭。

曹伯負芻卒於師。

楚公子午帥師伐鄭。

傳（襄公十八年）

十八年春，白狄始來。

夏，晉人執衛行人石買於長子，執孫蒯於純留，爲曹故也。

秋，齊侯伐我北鄙。中行獻子將伐齊，夢與厲公訟，弗勝。公以戈擊之，首隊於前，跪而戴之，奉之以走，見梗陽之巫臯。他日，見諸道，與之言，同。巫曰：「今茲主必死。若有事於東方，則可以逞。」獻子許諾。

晉侯伐齊，將濟河，獻子以朱絲繫玉二瑴，而禱曰：「齊環怙恃其險，負其衆庶，棄好背盟，陵虐神主。曾臣彪將率諸侯以討焉，其官臣偃實先後之。苟捷有功，無作神羞，官臣偃無敢復濟。唯爾有神裁之。」沈玉而濟。

冬十月，會於魯濟，尋溴梁之言，同伐齊。齊侯禦諸平陰，塹防門而守之，廣里。夙沙衛曰：「不能戰，莫如守險。」弗聽。諸侯之士門焉，齊人多死。范宣子告析文子，曰：「吾知子，敢匿情乎？魯人、莒人皆請以車千乘自其鄉入，既許之矣。若入，君必失國。子盍圖之！」子家以告公。公恐。晏嬰聞之，曰：「君固無勇，而又聞是，弗能久矣。」

齊侯登巫山以望晉師。晉人使司馬斥山澤之險，雖所不至，必旆而疏陳之。使乘車者左實右僞，以旆先，輿曳柴而從之。齊侯見之，畏其衆也，乃脱歸。丙寅晦，齊師夜遁。師曠告晉侯曰：「鳥烏之聲樂，齊師其遁。」邢伯告中行伯曰：「有班馬之聲，齊師其遁。」叔向告晉侯曰：「城上有烏，齊師其遁。」

十一月丁卯朔，入平陰，遂從齊師。夙沙衛連大車以塞隧而殿。殖綽、郭最曰：「子殿國師，齊之辱也。子姑先乎！」乃代之殿。衛殺馬於隘以塞道。晉州綽及之，射殖綽，中肩，兩矢夾脰，曰：「止，將爲三軍獲；不止，將取其衷。」顧曰：「爲私誓。」州綽曰：「有如日！」乃弛弓而自後縛之。其右具丙亦舍兵而縛郭最，皆衿甲面縛，坐於中軍之鼓下。

晉人欲逐歸者，魯、衛請攻險。己卯，荀偃、士匄以中軍克京兹。乙酉，魏絳、欒盈以下軍克邿；趙武、韓起以上軍圍盧，弗克。十二月戊戌，及秦周，伐雍門之萩。范鞅門於雍門，其御追喜以戈殺犬於門中；孟莊子斬其櫄以爲公琴。己亥，焚雍門及西郭、南郭。劉難、士弱率諸侯之師焚申池之竹木。壬寅，焚東郭、北郭，范鞅門於揚門。州綽門於東閭，左驂迫，還於東門中，以枚數闔。齊侯駕，將走郵棠。大子與郭榮扣馬，曰：「師速而疾，略也。將退矣，君何懼焉？且社稷之主不可以輕，輕則失衆。君必待之！」將犯之。大子抽劍斷鞅，乃止。甲辰，東侵及濰，南及沂。

鄭子孔欲去諸大夫，將叛晉而起楚師以去之。使告子庚，子庚弗許。楚子聞之，使楊豚尹宜告子庚曰：「國人謂不穀主社稷而不出師，死不從禮。不穀即位，於今五年，師徒不出，人其以不穀爲自逸而忘先君之業矣。大夫圖之，其若之何？」子庚嘆曰：「君王其謂午懷安乎！吾以利社稷也。」見使者，稽首而對曰：「諸侯方睦於晉，臣請嘗之。

若可，君而繼之。不可，收師而退，可以無害，君亦無辱。」

子庚帥師治兵於汾。於是子蟜、伯有、子張從鄭伯伐齊，子孔、子展、子西守。二子知子孔之謀，完守入保。子孔不敢會楚師。

楚師伐鄭，次於魚陵。右師城上棘，遂涉潁。次於旃然。旃子馮、公子格率鋭師侵費滑、胥靡、獻於、雍梁，右回梅山，侵鄭東北，至於蟲牢而反。子庚門於純門，信於城下而還，涉於魚齒之下。甚雨及之。楚師多凍，役徒幾盡。晉人聞有楚師，師曠曰：「不害。吾驟歌北風，又歌南風，南風不競，多死聲。楚必無功。」董叔曰：「天道多在西北。南師不時，必無功。」叔向曰：「在其君之德也。」

經（襄公十九年）

十有九年春王正月，諸侯盟於祝柯。晉人執邾子。

公至自伐齊。

取邾田，自漷水。

季孫宿如晉。

葬曹成公。

夏，衛孫林父帥師伐齊。

秋七月辛卯，齊侯環卒。

晉士匄帥師侵齊，至穀，聞齊侯卒，乃還。

八月丙辰，仲孫蔑卒。

齊殺其大夫高厚。

鄭殺其大夫公子嘉。

冬，葬齊靈公。

城西郛。

叔孫豹會晉士匄於柯。

城武城。

傳（襄公十九年）

十九年春，諸侯還自沂上，盟於督揚，曰：「大毋侵小。」執邾悼公，以其伐我故。遂次於泗上，疆我田，取邾田，自漷水歸之於我。

晉侯先歸。公享晉六卿於蒲圃，賜之三命之服；軍尉、司馬、司空、輿尉、候奄皆受一命之服；賄荀偃束錦、加璧、乘馬，先吳壽夢之鼎。

荀偃癉疽，生瘍於頭。濟河，及著雍，病，目出。大夫先歸者皆反。士匄請見，弗內。請後，曰：「鄭甥可。」二月甲寅，卒，而視，不可含。宣子盥而撫之，曰：「事吳敢不如事主！」猶視。欒懷子曰：「其爲未卒事於齊故也乎？」乃復撫之曰：「主苟終，所不嗣竈齊者，有如河！」乃瞑，受含。宣子出，曰：「吾淺之爲丈夫也。」

晉欒魴帥師從衛孫文子伐齊。

季武子如晉拜師，晉侯享之。范宣子爲政，賦《黍苗》。季武子興，再拜稽首，曰：

「小國之仰大國也，如百穀之仰膏雨焉。若常膏之，其天下輯睦，豈唯敝邑？」賦《六月》。

季武子以所得於齊之兵作林鐘而銘魯功焉。臧武仲謂季孫曰：「非禮也。夫銘，天子令德，諸侯言時計功，大夫稱伐。今稱伐，則下等也；計功，則藉人也；言時，則妨民多矣，何以爲銘？且夫大伐小，取其所得，以作彝器，銘其功烈，以示子孫，昭明德而懲無禮也。今將藉人之力以救其死，若之何銘之？小國幸於大國，而昭所獲焉以怒之，亡之道也。」

齊侯娶於魯，曰顏懿姬，無子。其姪鬷聲姬，生光，以爲大子。諸子仲子、戎子，戎子嬖。仲子生牙，屬諸戎子。戎子請以爲大子，許之。仲子曰：「不可。廢常，不祥；間諸侯，難。光之立也，列於諸侯矣。今無故而廢之，是專黜諸侯，而以難犯不祥也。君必悔之。」公曰：「在我而已。」遂東大子光。使高厚傅牙，以爲大子，夙沙衞爲少傅。齊侯疾，崔杼微逆光，疾病而立之。光殺戎子，尸諸朝，非禮也。婦人無刑。雖有刑，不在朝市。

夏五月壬辰晦，齊靈公卒。莊公即位。執公子牙於句瀆之丘。以夙沙衞易己，衞奔高唐以叛。

晉士匄侵齊，及穀，聞喪而還，禮也。

於四月丁未，鄭公孫蠆卒，赴於晉大夫。范宣子言於晉侯，以其善於伐秦也。六月，晉侯請於王，王追賜之大路，使以行，禮也。

秋八月，齊崔杼殺高厚於灑藍，而兼其室。書曰「齊殺其大夫」，從君於昏也。

鄭子孔之爲政也專，國人患之，乃討西宮之難與純門之師。子孔當罪，以其甲及子革、子良氏之甲守。甲辰，子展、子西率國人伐之，殺子孔而分其室。書曰「鄭殺其大夫」，專也。

子然、子孔，宋子之子也；士子孔，圭嬀之子也。圭嬀之班亞宋子，而相親也；二子孔亦相親也。僖之四年，子然卒；簡之元年，士子孔卒。司徒孔實相子革、子良之室，三室如一，故及於難。子革、子良出奔楚。子革爲右尹。鄭人使子展當國，子西聽政，立子產爲卿。

齊慶封圍高唐，弗克。冬十一月，齊侯圍之。見衞在城上，號之，乃下。問守備焉，以無備告。揖之，乃登。聞師將傅，食高唐人。殖綽、工僂會夜縋納師，醢衞於軍。

城西郛，懼齊也。

齊及晉平，盟於大隧。故穆叔會范宣子於柯。穆叔見叔向，賦《載馳》之四章。叔向曰：「肸敢不承命！」穆叔歸，曰：「齊猶未也，不可以不懼。」乃城武城。

衞石共子卒，悼子不哀。孔成子曰：「是謂蹶其本，必不有其宗。」

經（襄公二十年）

二十年春王正月辛亥，仲孫速會莒人盟於向。

夏六月庚申，公會晉侯、齊侯、宋公、衞侯、鄭伯、曹伯、莒子、邾子、滕子、薛伯、杞伯、小邾子盟於澶淵。

秋，公至自會。

仲孫速帥師伐邾。

蔡殺其大夫公子燮。蔡公子履出奔楚。

陳侯之弟黄出奔楚。

叔老如齊。

冬十月丙辰朔，日有食之。

季孫宿如宋。

傳（襄公二十年）

二十年春，及莒平。孟莊子會莒人盟於向，督揚之盟故也。

夏，盟於澶淵，齊成故也。

邾人驟至，以諸侯之迂能報也。秋，孟莊子伐邾以報之。

蔡公子燮欲以蔡之晉，蔡人殺之。公子履，其母弟也，故出奔楚。

陳慶虎、慶寅畏公子黄之偪，愬諸楚曰：「與蔡司馬同謀。」楚人以爲討，公子黄出奔楚。初，蔡文侯欲事晉，曰：「先君與於踐土之盟，晉不可棄，且兄弟也。」畏楚，不能行而卒。楚人使蔡無常，公子燮求從先君以利蔡，不能而死。書曰「蔡殺其大夫公子燮」，言不與民同欲也；「陳侯之弟黄出奔楚」，言非其罪也。公子黄將出奔，呼於國曰：「慶氏無道，求專陳國，暴蔑其君，而去其親，五年不滅，是無天也。」

齊子初聘於齊，禮也。

冬，季武子如宋，報向戌之聘也。褚師段逆之以受享，賦《常棣》之七章以卒。宋人重賄之。歸，復命，公享之，賦《魚麗》之卒章。公賦《南山有臺》。武子去所，曰：「臣不堪也。」

衛甯惠子疾，召悼子曰：「吾得罪於君，悔而無及也。名藏在諸侯之策，曰『孫林父、甯殖出其君』。君入，則掩之。若能掩之，則吾子也。若不能，猶有鬼神，吾有餒而已，不來食矣。」悼子許諾，惠子遂卒。

經（襄公二十一年）

二十有一年春王正月，公如晉。

邾庶其以漆、閭丘來奔。

夏，公至自晉。

秋，晉欒盈出奔楚。

九月庚戌朔，日有食之。

冬十月庚辰朔，日有食之。

曹伯來朝。

公會晉侯、齊侯、宋公、衛侯、鄭伯、曹伯、莒子、邾子於商任。

傳（襄公二十一年）

二十一年春，公如晉，拜師及取邾田也。

邾庶其以漆、閭丘來奔，季武子以公姑姊妻之，皆有賜於其從者。於是魯多盜。季孫謂臧武仲曰：「子盍詰盜？」武仲曰：「不可詰也。紇又不能。」季孫曰：「我有四封，而詰其盜，何故不可？子爲司寇，將盜是務去，若之何不能？」武仲曰：「子召外盜而大禮焉，何以止吾盜？子爲正卿，而來外盜；使紇去之，將何以能？庶其竊邑於邾以來，子以姬氏妻之，而與之邑。其從者皆有賜焉。若大盜禮焉以君之姑姊與其大邑，其次皁牧輿馬，其小者衣裳劍帶，是賞盜也。賞而去之，其或難焉。紇也聞之：在上位者灑濯其心，壹以待人；軌度其信，可明徵也，而後可以治人。夫上之所爲，民之歸也。上所不爲，而民或爲之，是以加刑罰焉，而莫敢不懲。若上之所爲，而民亦爲之，乃其所也，又可禁乎？《夏書》曰：『念茲在茲，釋茲在茲，名言茲在茲，允出茲在茲，惟帝念功』，將謂由己壹也。信由己壹，而後功可念也。」

庶其非卿也，以地來，雖賤，必書，重地也。

齊侯使慶佐爲大夫，復討公子牙之黨，執公子買於句瀆之丘。公子鉏來奔。叔孫還奔燕。

夏，楚子庚卒。楚子使薳子馮爲令尹，訪於申叔豫。叔豫曰：「國多寵而王弱，國不可爲也。」遂以疾辭。方暑，闕地，下冰而牀焉。重繭，衣裘，鮮食而寢。楚子使醫視之。復曰：「瘠則殃，而血氣未動。」乃使子南爲令尹。

欒桓子娶於范宣子，生懷子。范鞅以其亡也，怨欒氏，故與欒盈爲公族大夫而不相能。桓子卒，欒祁與其老州賓通，幾亡室矣。懷子患之。祁懼其討也，愬諸宣子曰：「盈將爲亂，以范氏爲死桓主而專政矣，曰：『吾父逐鞅也，不怒而以寵報之，又與吾同官而專之。吾父死而益富。死吾父而專於國，有死而已，吾蔑從之矣。』其謀如是，懼害於主，吾不敢不言。」范鞅爲之徵。懷子好施，士多歸之。宣子畏其多士也，信之。懷子爲下卿，宣子使城著而遂逐之。秋，欒盈出奔楚。宣子殺箕遺、黄淵、嘉父、司空靖、邴豫、董叔、邴師、申書、羊舌虎、叔羆，因伯華、叔向、籍偃。

人謂叔向曰：「子離於罪，其爲不知乎？」叔向曰：「與其死亡若何？《詩》曰：『優哉游哉，聊以卒歲』，知也。」

樂王鮒見叔向，曰：「吾爲子請。」叔向弗應。出，不拜。其人皆咎叔向。叔向曰：「必祁大夫。」室老聞之，曰：「樂王鮒言於君，無不行，求赦吾子，吾子不許。祁大夫所不能也，而曰必由之，何也？」叔向曰：「樂王鮒，從君者也，何能行？祁大夫外舉不棄讎，内舉不失親，其獨遺我乎？《詩》曰：『有覺德行，四國順之。』夫子覺者也。」

晉侯問叔向之罪於樂王鮒。對曰：「不棄其親，其有焉。」於是祁奚老矣，聞之，乘馹而見宣子，曰：「《詩》曰：『惠我無疆，子孫保之。』《書》曰：『聖有謨勛，明徵定保。』夫謀而鮮過、惠訓不倦者，叔向有焉，社稷之固也，猶將十世宥之，以勸能者。今壹不免其身，以棄社稷，不亦惑乎？鯀殛而禹興；伊尹放大甲而相之，卒無怨色；管、蔡爲戮，周公右王。若之何其以虎也棄社稷？子爲善，誰敢不勉？多殺何爲？」宣子說，與之乘，以言諸公而免之。不見叔向而歸，叔向亦不告免焉而朝。

初，叔向之母妒叔虎之母美而不使，其子皆諫其母。其母曰：「深山大澤，實生龍

蛇。彼美，余懼其生龍蛇以禍女。女敝族也。國多大寵，不仁人間之，不亦難乎？余何愛焉？」使往視寢，生叔虎，美而有勇力，欒懷子嬖之，故羊舌氏之族及於難。

欒盈過於周，周西鄙掠之。辭於行人曰：「天子陪臣盈得罪於王之守臣，將逃罪。罪重於郊甸，無所伏竄，敢布其死：昔陪臣書能輸力於王室，王施惠焉。其子黶不能保任其父之勞。大君若不棄書之力，亡臣猶有所逃。若棄書之力，而思黶之罪，臣戮余也，將歸死於尉氏，不敢還矣。敢布四體，唯大君命焉。」王曰：「尤而效之，其又甚焉。」使司徒禁掠欒氏者，歸所取焉，使候出諸轘轅。

冬，曹武公來朝，始見也。

會於商任，錮欒氏也。齊侯、衛侯不敬。叔向曰：「二君者必不免。會朝，禮之經也；禮，政之輿也；政，身之守也。怠禮，失政；失政，不立，是以亂也。」

知起、中行喜、州綽、邢蒯出奔齊，皆欒氏之黨也。欒王鮒謂范宣子曰：「盍反州綽、邢蒯？勇士也。」宣子曰：「彼欒氏之勇也，余何獲焉？」王鮒曰：「子爲彼欒氏，乃亦子之勇也。」

齊莊公朝，指殖綽、郭最曰：「是寡人之雄也。」州綽曰：「君以爲雄，誰敢不雄？然臣不敏，平陰之役，先二子鳴。」莊公爲勇爵，殖綽、郭最欲與焉。州綽曰：「東閭之役，臣左驂迫，還於門中，識其枚數，其可以與於此乎？」公曰：「子爲晉君也。」對曰：「臣爲隸新，然二子者，譬於禽獸，臣食其肉而寢處其皮矣。」

經（襄公二十二年）

二十有二年春王正月，公至自會。

夏四月。

秋七月辛酉，叔老卒。

冬，公會晉侯、齊侯、宋公、衛侯、鄭伯、曹伯、莒子、邾子、薛伯、杞伯、小邾子於沙隨。

公至自會。

楚殺其大夫公子追舒。

傳（襄公二十二年）

二十二年春，臧武仲如晉。雨，過御叔。御叔在其邑，將飲酒，曰：「焉用聖人？我將飲酒而已。雨行，何以聖爲？」穆叔聞之，曰：「不可使也，而傲使人，國之蠹也。」令倍其賦。

夏，晉人徵朝於鄭。鄭人使少正公孫僑對曰：「在晉先君悼公九年，我寡君於是即位。即位八月，而我先大夫子駟從寡君以朝於執事，執事不禮於寡君，寡君懼。因是行也，我二年六月朝於楚，晉是以有戲之役。楚人猶競，而申禮於敝邑。敝邑欲從執事而懼爲大尤，曰：『晉其謂我不共有禮？』是以不敢攜貳於楚。我四年三月，先大夫子蟜又從寡君以觀釁於楚，晉於是乎有蕭魚之役。謂我敝邑，邇在晉國，譬諸草木，吾臭味也，而何敢差池？楚亦不競，寡君盡其土實，重之以宗器，以受齊盟。遂帥羣臣隨於執

事，以會歲終。貳於楚者子侯、石盂，歸而討之。湨梁之明年，子蟜老矣，公孫夏從寡君以朝於君，見於嘗酎，與執燔焉。間二年，聞君將靖東夏四月，又朝以聽事期。不朝之間，無歲不聘，無役不從。以大國政令之無常，國家罷病，不虞薦至，無日不惕，豈敢忘職？大國若安定之，其朝夕在庭，何辱命焉？若不恤其患而以爲口實，其無乃不堪任命而翦爲仇讎？敝邑是懼，其敢忘君命？委諸執事，執事實重圖之。」

秋，欒盈自楚適齊。晏平仲言於齊侯曰：「商任之會，受命於晉。今納欒氏，將安用之？小所以事大，信也。失信，不立。君其圖之。」弗聽。退告陳文子曰：「君人執信，臣人執共。忠、信、篤、敬，上下同之，天之道也。君自棄也，弗能久矣。」

九月，鄭公孫黑肱有疾，歸邑於公，召室老、宗人立段，而使黜官、薄祭。祭以特羊，殷以少牢，足以共祀，盡歸其餘邑，曰：「吾聞之：生於亂世，貴而能貧，民無求焉，可以後亡。敬共事君與二三子。生在敬戒，不在富也。」己巳，伯張卒。君子曰：「善戒。《詩》曰：『慎爾侯度，用戒不虞』，鄭子張其有焉。」

冬，會於沙隨，復錮欒氏也。

欒盈猶在齊。晏子曰：「禍將作矣。齊將伐晉，不可以不懼。」

楚觀起有寵於令尹子南，未益祿而有馬數十乘。楚人患之，王將討焉。子南之子棄疾爲王御士，王每見之，必泣。棄疾曰：「君三泣臣矣，敢問誰之罪也？」王曰：「令尹之不能，爾所知也。國將討焉，爾其居乎？」對曰：「父戮子居，君焉用之？洩命重刑，臣亦不爲。」王遂殺子南於朝，轘觀起於四竟。子南之臣謂棄疾：「請徙子尸於朝。」曰：「君臣有禮，唯二三子。」三日，棄疾請尸。王許之。既葬，其徒曰：「行乎？」曰：「吾與殺吾父，行將焉入？」曰：「然則臣王乎？」曰：「棄父事讎，吾弗忍也。」遂縊而死。

復使薳子馮爲令尹，公子齮爲司馬，屈建爲莫敖。有寵於薳子者八人，皆無祿而多馬。他日朝，與申叔豫言，弗應而退。從之，入於人中。又從之，遂歸。退朝，見之，曰：「子三困我於朝，吾懼，不敢不見。吾過，子姑告我，何疾我也？」對曰：「吾不免是懼，何敢告子？」曰：「何故？」對曰：「昔觀起有寵於子南，子南得罪，觀起車裂，何故不懼？」自御而歸，不能當道。至，謂八人者曰：「吾見申叔，夫子所謂生死而肉骨也。知我者如夫子則可；不然，請止。」辭八人者，而後王安之。

十二月，鄭游眅將歸晉，未出竟，遭逆妻者，奪之，以館於邑。丁巳，其夫攻子明，殺之，以其妻行。子展廢良而立大叔，曰：「國卿，君之貳也，民之主也，不可以苟。請舍子明之類。」求亡妻者，使復其所。使游氏勿怨，曰：「無昭惡也。」

經（襄公二十三年）

二十有三年春王二月癸酉朔，日有食之。

三月己巳，杞伯匄卒。

夏，邾畀我來奔。

葬杞孝公。

陳殺其大夫慶虎及慶寅。

陳侯之弟黄自楚歸於陳。

晉欒盈復入於晉，入於曲沃。

秋，齊侯伐衛，遂伐晉。

八月，叔孫豹帥師救晉，次於雍榆。

己卯，仲孫速卒。

冬十月乙亥，臧孫紇出奔邾。

晉人殺欒盈。

齊侯襲莒。

傳（襄公二十三年）

二十三年春，杞孝公卒，晉悼夫人喪之。平公不徹樂，非禮也。禮，爲鄰國闕。

陳侯如楚，公子黄愬二慶於楚，楚人召之。使慶樂往，殺之。慶氏以陳叛。夏，屈建從陳侯圍陳。陳人城，版隊而殺人。役人相命，各殺其長，遂殺慶虎、慶寅。楚人納公子黄。君子謂慶氏不義，不可肆也。故《書》曰：「惟命不於常。」

晉將嫁女於吴，齊侯使析歸父媵之，以藩載欒盈及其士，納諸曲沃。欒盈夜見胥午而告之。對曰：「不可。天之所廢，誰能興之？子必不免。吾非愛死也，知不集也。」盈曰：「雖然，因子而死，吾無悔矣。我實不天，子无咎焉。」許諾。伏之而觴曲沃人，樂作，午言曰：「今也得欒孺子何如？」對曰：「得主而爲之死，猶不死也。」皆嘆，有泣者。爵行，又言。皆曰：「得主，何貳之有！」盈出，遍拜之。

四月，欒盈帥曲沃之甲，因魏獻子，以晝入絳。初，欒盈佐魏莊子於下軍，獻子私焉，故因之。趙氏以原、屏之難怨欒氏。韓、趙方睦。中行氏以伐秦之役怨欒氏，而固與范氏和親。知悼子少，而聽於中行氏。程鄭嬖於公。唯魏氏及七輿大夫與之。

樂王鮒侍坐於范宣子。或告曰：「欒氏至矣。」宣子懼。桓子曰：「奉君以走固宫，必無害也。且欒氏多怨，子爲政，欒氏自外，子在位，其利多矣。既有利權，又執民柄，將何懼焉？欒氏所得，其唯魏氏乎，而可强取也。夫克亂在權，子無懈矣！」

公有姻喪，王鮒使宣子墨縗冒絰，二婦人輦以如公，奉公以如固宫。范鞅逆魏舒，則成列既乘，將逆欒氏矣。趨進，曰：「欒氏帥賊以入，鞅之父與二三子在君所矣，使鞅逆吾子。鞅請驂乘。」持帶，遂超乘。右撫劍，左援帶，命驅之出。僕請，鞅曰：「之公。」宣子逆諸階，執其手，賂之以曲沃。

初，斐豹，隸也，著於丹書。欒氏之力臣曰督戎，國人懼之。斐豹謂宣子曰：「苟焚丹書，我殺督戎。」宣子喜，曰：「而殺之，所不請於君焚丹書者，有如日！」乃出豹而閉之。督戎從之。踰隱而待之，督戎踰入，豹自後擊而殺之。

范氏之徒在臺後，欒氏乘公門。宣子謂鞅曰：「矢及君屋，死之！」鞅用劍以帥卒，欒氏退，攝車從之。遇欒樂，曰：「樂免之。死，將訟女於天。」樂射之，不中；又注，則乘槐本而覆。或以戟鈎之，斷肘而死。欒魴傷。欒盈奔曲沃。晉人圍之。

秋，齊侯伐衛。先驅，穀榮御王孫揮，召揚爲右；申驅，成秩御莒恒，申鮮虞之

傅摯爲右。曹開御戎，晏父戎爲右。貳廣，上之登御邢公，盧蒲癸爲右；啓，牢成御襄罷師，狼蘧疏爲右；胠，商子車御侯朝，桓跳爲右；大殿，商子游御夏之御寇，崔如爲右；燭庸之越駟乘。自衛將遂伐晉。

晏平仲曰：「君恃勇力，以伐盟主。若不濟，國之福也。不德而有功，憂必及君。」崔杼諫曰：「不可。臣聞之：小國間大國之敗而毁焉，必受其咎。君其圖之。」弗聽。陳文子見崔武子，曰：「將如君何？」武子曰：「吾言於君，君弗聽也。以爲盟主，而利其難。羣臣若急，君於何有？子姑止之。」文子退，告其人曰：「崔子將死乎！謂君甚而又過之，不得其死。過君以義，猶自抑也，況以惡乎？」

齊侯遂伐晉，取朝歌。爲二隊，入孟門，登大行。張武軍於熒庭，戍郫邵，封少水，以報平陰之役，乃還。趙勝帥東陽之師以追之，獲晏氂。八月，叔孫豹帥師救晉，次於雍榆，禮也。

季武子無適子，公彌長，而愛悼子，欲立之。訪於申豐曰：「彌與紇，吾皆愛之，欲擇才焉而立之。」申豐趨退，歸，盡室將行。他日，又訪焉。對曰：「其然，將具敝車而行。」乃止。訪於臧紇。臧紇曰：「飲我酒，吾爲子立之。」季氏飲大夫酒，臧紇爲客。既獻，臧孫命北面重席，新樽絜之。召悼子，降逆之。大夫皆起。及乃旅而召公鉏，使與之齒。季孫失色。

季氏以公鉏爲馬正，慍而不出。閔子馬見之，曰：「子無然。禍福無門，唯人所召。爲人子者，患不孝不患無所。敬共父命，何常之有？若能孝敬，富倍季氏可也。姦回不軌，禍倍下民可也。」公鉏然之，敬共朝夕，恪居官次。季孫喜，使飲己酒，而以具往，盡舍旃。故公鉏氏富，又出爲公左宰。

孟孫惡臧孫，季孫愛之。孟氏之御騶豐點好羯也，曰：「從余言必爲孟孫。」再三云，羯從之。孟莊子疾，豐點謂公鉏：「苟立羯，請讎臧氏。」公鉏謂季孫曰：「孺子秩固其所也。若羯立，則季氏信有力於臧氏矣。」弗應。己卯，孟孫卒。公鉏奉羯立於户側。季孫至，入哭而出，曰：「秩焉在？」公鉏曰：「羯在此矣。」季孫曰：「孺子長。」公鉏曰：「何長之有？唯其才也。且夫子之命也。」遂立羯。秩奔邾。

臧孫入哭，甚哀，多涕。出，其御曰：「孟孫之惡子也，而哀如是。季孫若死，其若之何？」臧孫曰：「季孫之愛我，疾疢也；孟孫之惡我，藥石也。美疢不如惡石。夫石猶生我，疢之美，其毒滋多。孟孫死，吾亡無日矣。」孟氏閉門，告於季孫曰：「臧氏將爲亂，不使我葬。」季孫不信。臧孫聞之，戒。冬十月，孟氏將辟，藉除於臧氏。臧孫使正夫助之，除於東門，甲從己而視之。孟氏又告季孫。季孫怒，命攻臧氏。乙亥，臧紇斬鹿門之關以出，奔邾。

初，臧宣叔娶於鑄，生賈及爲而死。繼室以其姪，穆姜之姨子也，生紇，長於公宮。姜氏愛之，故立之。臧賈、臧爲出在鑄。臧武仲自邾使告臧賈，且致大蔡焉，曰：「紇不佞，失守宗祧，敢告不弔。紇之罪不及不祀，子以大蔡納請，其可。」賈曰：「是家之禍也，非子之過也。賈聞命矣。」再拜受龜，使爲以納請，遂自爲也。臧孫如防，使來告曰：「紇非能害也，知不足也。非敢私請。苟守先祀，無廢二勛，敢不辟邑？」

乃立臧爲。臧紇致防而奔齊。其人曰：「其盟我乎？」臧孫曰：「無辭。」將盟臧氏，季孫召外史掌惡臣而問盟首焉。對曰：「盟東門氏也，曰『毋或如東門遂不聽公命，殺適立庶』。盟叔孫氏也，曰『毋或如叔孫僑如欲廢國常，蕩覆公室』。」季孫曰：「臧孫之罪皆不及此。」孟椒曰：「盍以其犯門斬關？」季孫用之，乃盟臧氏，曰：「毋或如臧孫紇干國之紀，犯門斬關！」臧孫聞之，曰：「國有人焉，誰居？其孟椒乎！」

晉人克欒盈於曲沃，盡殺欒氏之族黨。欒魴出奔宋。書曰「晉人殺欒盈」，不言大夫，言自外也。

齊侯還自晉，不入，遂襲莒。門於且于，傷股而退。明日，將復戰，期於壽舒。杞殖、華還載甲夜入且于之隧，宿於莒郊。明日，先遇莒子於蒲侯氏。莒子重賂之，使無死，曰：「請有盟。」華周對曰：「貪貨棄命，亦君所惡也。昏而受命，日未中而棄之，何以事君？」莒子親鼓之，從而伐之，獲杞梁。莒人行成。齊侯歸，遇杞梁之妻於郊，使弔之。辭曰：「殖之有罪，何辱命焉？若免於罪，猶有先人之敝廬在，下妾不得與郊弔。」齊侯弔諸其室。

齊侯將爲臧紇田。臧孫聞之，見齊侯。與之言伐晉，對曰：「多則多矣，抑君似鼠。夫鼠，晝伏夜動，不穴於寢廟，畏人故也。今君聞晉之亂而後作焉，寧將事之，非鼠如何？」乃弗與田。仲尼曰：「知之難也。有臧武仲之知，而不容於魯國，抑有由也，作不順而施不恕也。《夏書》曰：『念茲在茲』，順事、恕施也。」

經（襄公二十四年）

二十有四年春，叔孫豹如晉。

仲孫羯帥師侵齊。

夏，楚子伐吳。

秋七月甲子朔，日有食之，既。

齊崔杼帥師伐莒。

大水。

八月癸巳朔，日有食之。

公會晉侯、宋公、衞侯、鄭伯、曹伯、莒子、邾子、滕子、薛伯、杞伯、小邾子於夷儀。

冬，楚子、蔡侯、陳侯、許男伐鄭。

公至自會。

陳鍼宜咎出奔楚。

叔孫豹如京師。

大饑。

傳（襄公二十四年）

二十四年春，穆叔如晉，范宣子逆之，問焉，曰：「古人有言曰：『死而不朽』，何謂也？」穆叔未對。宣子曰：「昔匄之祖，自虞以上爲陶唐氏，在夏爲御龍氏，在商爲

豕韋氏，在周爲唐杜氏，晉主夏盟爲范氏，其是之謂乎！」穆叔曰：「以豹所聞，此之謂世祿，非不朽也。魯有先大夫曰臧文仲，既没，其言立，其是之謂乎！豹聞之：『大上有立德，其次有立功，其次有立言。』雖久不廢，此之謂不朽。若夫保姓受氏，以守宗祊，世不絶祀，無國無之。祿之大者，不可謂不朽。」

范宣子爲政，諸侯之幣重，鄭人病之。二月，鄭伯如晉，子産寓書於子西，以告宣子，曰：「子爲晉國，四鄰諸侯不聞令德，而聞重幣，僑也惑之。僑聞君子長國家者，非無賄之患，而無令名之難。夫諸侯之賄聚於公室，則諸侯貳。若吾子賴之，則晉國貳。諸侯貳，則晉國壞；晉國貳，則子之家壞，何没没也？將焉用賄？夫令名，德之輿也；德，國家之基也。有基無壞，無亦是務乎！有德則樂，樂則能久。《詩》云：『樂只君子，邦家之基』，有令德也夫！『上帝臨女，無貳爾心』，有令名也夫！恕思以明德，則令名載而行之，是以遠至邇安。毋寧使人謂子『子實生我』，而謂『子浚我以生』乎？象有齒以焚其身，賄也。」

宣子説，乃輕幣。是行也，鄭伯朝晉，爲重幣故，且請伐陳也。鄭伯稽首，宣子辭。子西相，曰：「以陳國之介恃大國，而陵虐於敝邑，寡君是以請請罪焉，敢不稽首？」

孟孝伯侵齊，晉故也。

夏，楚子爲舟師以伐吴，不爲軍政，無功而還。

齊侯既伐晉而懼，將欲見楚子。楚子使薳啓彊如齊聘，且請期。齊社，蒐軍實，使客觀之。陳文子曰：「齊將有寇。吾聞之：兵不戢，必取其族。」

秋，齊侯聞將有晉師，使陳無宇從薳啓彊如楚，辭，且乞師。崔杼帥師送之，遂伐莒，侵介根。

會於夷儀，將以伐齊。水，不克。

冬，楚子伐鄭以救齊，門於東門，次於棘澤。諸侯還救鄭。晉侯使張骼、輔躒致楚師，求御於鄭。鄭人卜宛射犬，吉。子大叔戒之曰：「大國之人不可與也。」對曰：「無有衆寡，其上一也。」大叔曰：「不然。部婁無松柏。」二子在幄，坐射犬於外；既食，而後食之。使御廣車而行，己皆乘乘車。將及楚師，而後從之乘，皆踞轉而鼓琴。近，不告而馳之。皆取冑於橐而冑，入壘，皆下，搏人以投，收禽挾囚。弗待而出。皆超乘，抽弓而射。既免，復踞轉而鼓琴，曰：「公孫！同乘，兄弟也，胡再不謀？」對曰：「曩者志入而已，今則怯也。」皆笑，曰：「公孫之亟也！」楚子自棘澤還，使薳啓彊帥師送陳無宇。

吴人爲楚舟師之役故，召舒鳩人。舒鳩人叛楚。楚子師於荒浦，使沈尹壽與師祁犂讓之。舒鳩子敬逆二子，而告無之，且請受盟。二子復命。王欲伐之。薳子曰：「不可。彼告不叛，且請受盟，而又伐之，伐無罪也。姑歸息民，以待其卒。卒而不貳，吾又何求？若猶叛我，無辭，有庸。」乃還。

陳人復討慶氏之黨，鍼宜咎出奔楚。

齊人城郟。穆叔如周聘，且賀城。王嘉其有禮也，賜之大路。

晉侯嬖程鄭，使佐下軍。鄭行人公孫揮如晉聘，程鄭問焉，曰：「敢問降階何由？」

子羽不能對，歸以語然明。然明曰：「是將死矣。不然，將亡。貴而知懼，懼而思降，乃得其階。下人而已，又何問焉？且夫既登而求降階者，知人也，不在程鄭。其有亡釁乎！不然，其有惑疾，將死而憂也。」

經（襄公二十五年）

二十有五年春，齊崔杼帥師伐我北鄙。

夏五月乙亥，齊崔杼弒其君光。

公會晉侯、宋公、衛侯、鄭伯、曹伯、莒子、邾子、滕子、薛伯、杞伯、小邾子於夷儀。

六月壬子，鄭公孫舍之帥師入陳。

秋八月己巳，諸侯同盟於重丘。

公至自會。

衛侯入於夷儀。

楚屈建帥師滅舒鳩。

冬，鄭公孫夏帥師伐陳。

十有二月，吴子遏伐楚，門於巢，卒。

傳（襄公二十五年）

二十五年春，齊崔杼帥師伐我北鄙，以報孝伯之師也。公患之，使告於晉。孟公綽曰：「崔子將有大志，不在病我，必速歸，何患焉？其來也不寇，使民不嚴，異於他日。」齊師徒歸。

齊棠公之妻，東郭偃之姊也。東郭偃臣崔武子。棠公死，偃御武子以弔焉。見棠姜而美之，使偃取之。偃曰：「男女辨姓，今君出自丁，臣出自桓，不可。」武子筮之，遇《困》䷮之《大過》䷛。史皆曰「吉」。示陳文子，文子曰：「夫從風，風隕妻，不可娶也。且其繇曰：『困於石，據於蒺梨，入於其宮，不見其妻，凶。』困於石，往不濟也；據於蒺梨，所恃傷也；入於其宮，不見其妻，凶，無所歸也。」崔子曰：「嫠也，何害？先夫當之矣。」遂取之。

莊公通焉，驟如崔氏，以崔子之冠賜人。侍者曰：「不可。」公曰：「不爲崔子，其無冠乎？」崔子因是，又以其間伐晉也，曰：「晉必將報。」欲弒公以説於晉，而不獲間。公鞭侍人賈舉，而又近之，乃爲崔子間公。

夏五月，莒爲且于之役故，莒子朝於齊。甲戌，饗諸北郭，崔子稱疾，不視事。乙亥，公問崔子，遂從姜氏。姜入於室，與崔子自側户出。公拊楹而歌。侍人賈舉止衆從者而入，閉門。甲興，公登臺而請，弗許；請盟，弗許；請自刃於廟，弗許。皆曰：「君之臣杼疾病，不能聽命。近於公宮，陪臣干掫有淫者，不知二命。」公踰牆，又射之，中股，反隊，遂弒之。賈舉、州綽、邴師、公孫敖、封具、鐸父、襄伊、僂堙皆死。祝佗父祭於高唐，至復命，不説弁而死於崔氏。申蒯，侍漁者，退，謂其宰曰：「爾以帑免，我將死。」其宰曰：「免，是反子之義也。」與之皆死。崔氏殺鬷蔑於平陰。

四書五經

左傳

一六三

... （襄公二十五年中）

... （襄公二十六年）

... （襄公二十七年）

晏子立於崔氏之門外，其人曰：「死乎？」曰：「獨吾君也乎哉，吾死也？」曰：「行乎？」曰：「吾罪也乎哉，吾亡也？」曰：「歸乎？」曰：「君死，安歸？君民者，豈以陵民？社稷是主。臣君者，豈爲其口實，社稷是養。故君爲社稷死，則死之；爲社稷亡，則亡之。若爲己死，而爲己亡，非其私暱，誰敢任之？且人有君而弒之，吾焉得死之？而焉得亡之？將庸何歸？」門啓而入，枕尸股而哭，興，三踊而出。人謂崔子必殺之。崔子曰：「民之望也，舍之，得民。」

盧蒲癸奔晉，王何奔莒。

叔孫宣伯之在齊也，叔孫還納其女於靈公，嬖，生景公。丁丑，崔杼立而相之，慶封爲左相，盟國人於大宫，曰：「所不與崔、慶者。」晏子仰天嘆曰：「嬰所不唯忠於君、利社稷者是與，有如上帝！」乃歃。辛巳，公與大夫及莒子盟。

大史書曰：「崔杼弒其君。」崔子殺之。其弟嗣書，而死者二人。其弟又書，乃舍之。南史氏聞大史盡死，執簡以往。聞既書矣，乃還。閭丘嬰以帷縛其妻而載之，與申鮮虞乘而出，鮮虞推而下之，曰：「君昏不能匡，危不能救，死不能死，而知匿其暱，其誰納之？」行及弇中，將舍。嬰曰：「崔、慶其追我。」鮮虞曰：「一與一，誰能懼我？」遂舍，枕轡而寢，食馬而食，駕而行。出弇中，謂嬰曰：「速驅之！崔、慶之衆，不可當也。」遂來奔。崔氏側莊公於北郭。丁亥，葬諸士孫之里。四翣，不蹕，下車七乘，不以兵甲。

晉侯濟自泮，會於夷儀，伐齊，以報朝歌之役。齊人以莊公説，使隰鉏請成，慶封如師。男女以班。賂晉侯以宗器、樂器。自六正、五吏、三十帥、三軍之大夫、百官之正長師旅及處守者皆有賂。晉侯許之。使叔向告於諸侯。公使子服惠伯對曰：「君舍有罪，以靖小國，君之惠也。寡君聞命矣。」

晉侯使魏舒、宛没逆衛侯，將使衛與之夷儀。崔子止其帑，以求五鹿。

初，陳侯會楚子伐鄭，當陳隧者，井堙木刊，鄭人怨之。六月，鄭子展、子産帥車七百乘伐陳，宵突陳城，遂入之。陳侯扶其大子偃師奔墓，遇司馬桓子，曰：「載余！」曰：「將巡城。」遇賈獲，載其母妻，下之，而授公車。公曰：「舍而母。」辭曰：「不祥。」與其妻扶其母以奔墓，亦免。子展命師無入公宫，與子産親御諸門。陳侯使司馬桓子賂以宗器。陳侯免，擁社，使其衆男女別而累，以待於朝。子展執縶而見，再拜稽首承飲而進獻。子美入，數俘而出。祝祓社，司徒致民，司馬致節，司空致地，乃還。

秋七月己巳，同盟於重丘，齊成故也。

趙文子爲政，令薄諸侯之幣，而重其禮。穆叔見之，謂穆叔曰：「自今以往，兵其少弭矣。齊崔、慶新得政，將求善於諸侯。武也知楚令尹。若敬行其禮，道之以文辭，以靖諸侯，兵可以弭。」

楚薳子馮卒，屈建爲令尹，屈蕩爲莫敖。舒鳩人卒叛，楚令尹子木伐之，及離城，吴人救之。子木遽以右師先，子彊、息桓、子捷、子駢、子盂帥左師以退。吴人居其間七日。子彊曰：「久將墊隘，隘乃禽也，不如速戰。請以其私卒誘之，簡師，陳以待我。我克則進，奔則亦視之，乃可以免。不然，必爲吴禽。」從之。五人以其私卒先擊吴師，

吴師奔；登山以望，見楚師不繼，復逐之，傅諸其軍，簡師會之。吴師大敗。遂圍舒鳩，舒鳩潰。八月，楚滅舒鳩。

衛獻公入於夷儀。

鄭子産獻捷於晉，戎服將事。晉人問陳之罪。對曰：「昔虞閼父爲周陶正，以服事我先王。我先王賴其利器用也，與其神明之後也，庸以元女大姬配胡公，而封諸陳，以備三恪。則我周之自出，至於今是賴。桓公之亂，蔡人欲立其出，我先君莊公奉五父而立之，蔡人殺之，我又與蔡人奉戴厲公。至於莊、宣皆我之自立。夏氏之亂，成公播蕩，又我之自入，君所知也。今陳忘周之大德，蔑我大惠，棄我姻親，介恃楚衆，以憑陵我敝邑，不可億逞，我是以有往年之告。未獲成命，則有我東門之役。當陳隧者，井堙木刊。敝邑大懼不競而恥大姬，天誘其衷，啓敝邑心。陳知其罪，授手於我。用敢獻功。」晉人曰：「何故侵小？」對曰：「先王之命，唯罪所在，各致其辟。且昔天子之地一圻，列國一同，自是以衰。今大國多數圻矣，若無侵小，何以至焉？」晉人曰：「何故戎服？」對曰：「我先君武、莊爲平、桓卿士。城濮之役，文公佈命曰：『各復舊職。』命我文公戎服輔王，以授楚捷——不敢廢王命故也。」士莊伯不能詰，復於趙文子。文子曰：「其辭順。犯順，不祥。」乃受之。

冬十月，子展相鄭伯如晉，拜陳之功。子西復伐陳，陳及鄭平。仲尼曰：「志有之：『言以足志，文以足言。』不言，誰知其志？言之無文，行而不遠。晉爲伯，鄭入陳，非文辭不爲功。慎辭哉！」

楚蔿掩爲司馬，子木使庀賦，數甲兵。甲午，蔿掩書土田，度山林，鳩藪澤，辨京陵，表淳鹵，數疆潦，規偃豬，町原防，牧隰皋，井衍沃，量入修賦，賦車籍馬，賦車兵、徒兵、甲楯之數。既成，以授子木，禮也。

十二月，吴子諸樊伐楚，以報舟師之役。門於巢。巢牛臣曰：「吴王勇而輕，若啓之，將親門。我獲射之，必殪。是君也死，疆其少安。」從之。吴子門焉，牛臣隱於短牆以射之，卒。

楚子以滅舒鳩賞子木。辭曰：「先大夫蔿子之功也。」以與蔿掩。

晉程鄭卒，子産始知然明，問爲政焉。對曰：「視民如子。見不仁者，誅之如鷹鸇之逐鳥雀也。」子産喜，以語子大叔，且曰：「他日，吾見蔑之面而已，今吾見其心矣。」子大叔問政於子産。子産曰：「政如農功，日夜思之，思其始而成其終，朝夕而行之。行無越思，如農之有畔，其過鮮矣。」

衛獻公自夷儀使與甯喜言，甯喜許之。大叔文子聞之，曰：「烏呼！《詩》所謂『我躬不説，皇恤我後』者，甯子可謂不恤其後矣。將可乎哉？殆必不可。君子久行，思其終也，思其復也。《書》曰：『慎始而敬終，終以不困。』《詩》曰：『夙夜匪解，以事一人。』今甯子視君不如弈棋，其何以免乎？弈者舉棋不定，不勝其耦；而況置君而弗定乎？必不免矣。九世之卿族，一舉而滅之，可哀也哉！」

會於夷儀之歲，齊人城郟。其五月，秦、晉爲成，晉韓起如秦莅盟，秦伯車如晉莅盟。成而不結。

經（襄公二十六年）

二十有六年春王二月辛卯，衞甯喜弑其君剽。

衞孫林父入於戚以叛。

甲午，衞侯衎復歸於衞。

夏，晉侯使荀吴來聘。

公會晉人、鄭良霄、宋人、曹人於澶淵。

秋，宋公殺其世子痤。

晉人執衞甯喜。

八月壬午，許男甯卒於楚。

冬，楚子、蔡侯、陳侯伐鄭。

葬許靈公。

傳（襄公二十六年）

二十六年春，秦伯之弟鍼如晉修成，叔向命召行人子員。行人子朱曰：「朱也當御。」三云，叔向不應。子朱怒，曰：「班爵同，何以黜朱於朝？」撫劍從之。叔向曰：「秦、晉不和久矣。今日之事，幸而集，晉國賴之。不集，三軍暴骨。子員道二國之言無私，子常易之。奸以事君者，吾所能御也。」拂衣從之。人救之。平公曰：「晉其庶乎！吾臣之所爭者大。」師曠曰：「公室懼卑。臣不心競而力爭，不務德而爭善，私欲已侈，能無卑乎？」

衞獻公使子鮮爲復，辭。敬姒强命之。對曰：「君無信，臣懼不免。」敬姒曰：「雖然，以吾故也。」許諾。初，獻公使與甯喜言，甯喜曰：「必子鮮在。不然，必敗。」故公使子鮮。子鮮不獲命於敬姒，以公命與甯喜言，曰：「苟反，政由甯氏，祭則寡人。」甯喜告蘧伯玉。伯玉曰：「瑗不得聞君之出，敢聞其入？」遂行，從近關出。告右宰穀。右宰穀曰：「不可。獲罪於兩君，天下誰畜之？」悼子曰：「吾受命於先人，不可以貳。」穀曰：「我請使焉而觀之。」遂見公於夷儀。反，曰：「君淹恤在外十二年矣，而無憂色，亦無寬言，猶夫人也。若不已，死無日矣。」悼子曰：「子鮮在。」右宰穀曰：「子鮮在，何益？多而能亡，於我何爲？」悼子曰：「雖然，不可以已。」

孫文子在戚，孫嘉聘於齊，孫襄居守。二月庚寅，甯喜、右宰穀伐孫氏，不克，伯國傷。甯子出舍於郊。伯國死，孫氏夜哭。國人召甯子，甯子復攻孫氏，克之。辛卯，殺子叔及大子角。書曰「甯喜弑其君剽」，言罪之在甯氏也。孫林父以戚如晉。書曰「入於戚以叛」，罪孫氏也。臣之禄，君實有之。義則進，否則奉身而退。專禄以周旋，戮也。

甲午，衞侯入。書曰「復歸」，國納之也。大夫逆於竟者，執其手而與之言；道逆者，自車揖之；逆於門者，頷之而已。公至，使讓大叔文子曰：「寡人淹恤在外，二三子皆使寡人朝夕聞衞國之言，吾子獨不在寡人。古人有言曰：『非所怨，勿怨。』寡人怨矣。」對曰：「臣知罪矣。臣不佞，不能負羈絏以從扞牧圉，臣之罪一也。有出者，有居者，臣不能貳，通外内之言以事君，臣之罪二也。有二罪，敢忘其死？」乃行，從

近關出。公使止之。

衛人侵戚東鄙，孫氏愬於晉，晉戍茅氏。殖綽伐茅氏，殺晉戍三百人。孫蒯追之，弗敢擊。文子曰：「厲之不如。」遂從衛師，敗之圉。雍鉏獲殖綽。復愬於晉。

鄭伯賞入陳之功，三月甲寅朔，享子展，賜之先路三命之服，先八邑；賜子產次路再命之服，先六邑。子產辭邑，曰：「自上以下，降殺以兩，禮也。臣之位在四，且子展之功也，臣不敢及賞禮，請辭邑。」公固予之，乃受三邑。公孫揮曰：「子產其將知政矣。讓不失禮。」

晉人爲孫氏故，召諸侯，將以討衛也。夏，中行穆子來聘，召公也。

楚子、秦人侵吳，及雩婁，聞吳有備而還。遂侵鄭。五月，至於城麇。鄭皇頡戍之，出，與楚師戰，敗。穿封戌囚皇頡，公子圍與之爭之，正於伯州犂。伯州犂曰：「請問於囚。」乃立囚。伯州犂曰：「所爭，君子也，其何不知？」上其手，曰：「夫子爲王子圍，寡君之貴介弟也。」下其手，曰：「此子爲穿封戌，方城外之縣尹也。誰獲子？」囚曰：「頡遇王子，弱焉。」戌怒，抽戈逐王子圍，弗及。楚人以皇頡歸。

印堇父與皇頡戍城麇，楚人囚之，以獻於秦。鄭人取貨於印氏以請之，子大叔爲令正，以爲請。子產曰：「不獲。受楚之功，而取貨於鄭，不可謂國，秦不其然。若曰『拜君之勤鄭國。微君之惠，楚師其猶在敝邑之城下』，其可。」弗從，遂行。秦人不予。更幣，從子產，而後獲之。

六月，公會晉趙武、宋向戌、鄭良霄、曹人於澶淵，以討衛，疆戚田。取衛西鄙懿

氏六十以與孫氏。

趙武不書，尊公也。向戌不書，後也。鄭先宋，不失所也。於是衛侯會之。晉人執甯喜、北宮遺，使女齊以先歸。衛侯如晉，晉人執而囚之於士弱氏。

秋七月，齊侯、鄭伯爲衛侯故如晉，晉侯兼享之。晉侯賦《嘉樂》。國景子相齊侯，賦《蓼蕭》。子展相鄭伯，賦《緇衣》。叔向命晉侯拜二君，曰：「寡君敢拜齊君之安我先君之宗祧也，敢拜鄭君之不貳也。」國子使晏平仲私於叔向，曰：「晉君宣其明德於諸侯，恤其患而補其闕，正其違而治其煩，所以爲盟主也。今爲臣執君，若之何？」叔向告趙文子，文子以告晉侯。晉侯言衛侯之罪，使叔向告二君。國子賦《轡之柔矣》，子展賦《將仲子兮》，晉侯乃許歸衛侯。叔向曰：「鄭七穆，罕氏其後亡者也，子展儉而壹。」

初，宋芮司徒生女子，赤而毛，棄諸堤下，共姬之妾取以入，名之曰棄。長而美。平公入夕，共姬與之食。公見棄也而視之尤。姬納諸御，嬖，生佐，惡而婉。大子痤美而很，合左師畏而惡之。寺人惠牆伊戾爲大子內師而無寵。秋，楚客聘於晉，過宋。大子知之，請野享之，公使往。伊戾請從之。公曰：「夫不惡女乎？」對曰：「小人之事君子也，惡之不敢遠，好之不敢近，敬以待命，敢有貳心乎？縱有共其外，莫共其內，臣請往也。」遣之。至則坎用牲，加書征之，而騁告公曰：「大子將爲亂，既與楚客盟矣。」公曰：「爲我子，又何求？」對曰：「欲速。」公使視之，則信有焉。問諸夫人與左師，則皆曰：「固聞之。」公囚大子。大子曰：「唯佐也能免我。」召而使請，曰：「日中不來，吾知死矣。」左師聞之，聒而與之語。過期，乃縊而死。佐爲大子。公徐聞其無罪

也，乃亨伊戾。左師見夫人之步馬者，問之。對曰：「君夫人氏也。」左師曰：「誰爲君夫人？余胡弗知？」圉人歸，以告夫人。夫人使饋之錦與馬，先之以玉，曰：「君之妾棄使某獻。」左師改命曰「君夫人」，而後再拜稽首受之。

鄭伯歸自晉，使子西如晉聘，辭曰：「寡君來煩執事，懼不免於戾，使夏謝不敏。」

君子曰：「善事大國。」

初，楚伍參與蔡太師子朝友，其子伍舉與聲子相善也。伍舉娶於王子牟。王子牟爲申公而亡，楚人曰：「伍舉實送之。」伍舉奔鄭，將遂奔晉。聲子將如晉，遇之於鄭郊，班荆相與食，而言復故。聲子曰：「子行也，吾必復子。」及宋向戌將平晉、楚，聲子通使於晉，還如楚。令尹子木與之語，問晉故焉，且曰：「晉大夫與楚孰賢？」對曰：「晉卿不如楚，其大夫則賢，皆卿材也。如杞梓、皮革，自楚往也。雖楚有材，晉實用之。」子木曰：「夫獨無族姻乎？」對曰：「雖有，而用楚材實多。歸生聞之：善爲國者，賞不僭而刑不濫。賞僭，則懼及淫人；刑濫，則懼及善人。若不幸而過，寧僭，無濫。與其失善，寧其利淫。無善人，則國從之。《詩》曰：『人之云亡，邦國殄瘁』，無善人之謂也。故《夏書》曰『與其殺不辜，寧失不經』，懼失善也。《商頌》有之曰：『不僭不濫，不敢怠皇。命於下國，封建厥福』，此湯所以獲天福也。古之治民者，勸賞而畏刑，恤民不倦。賞以春夏，刑以秋冬。是以將賞，爲之加膳，加膳則飫賜，此以知其勸賞也。將刑，爲之不舉，不舉則徹樂，此以知其畏刑也。夙興夜寐，朝夕臨政，此以知其恤民也。三者，禮之大節也。有禮無敗。今楚多淫刑，其大夫逃死於四方，而爲之謀

主，以害楚國，不可救療，所謂不能也。子儀之亂，析公奔晉，晉人寘諸戎車之殿，以爲謀主。繞角之役，晉將遁矣，析公曰：『楚師輕窕，易震蕩也。若多鼓鈞聲，以夜軍之，楚師必遁。』晉人從之，楚師宵潰。晉遂侵蔡，襲沈，獲其君，敗申、息之師於桑隧，獲申麗而還。鄭於是不敢南面。楚失華夏，則析公之爲也。雍子之父兄譖雍子，君與大夫不善是也，雍子奔晉，晉人與之鄐，以爲謀主。彭城之役，晉、楚遇於靡角之穀。晉將遁矣，雍子發命於軍曰：『歸老幼，反孤疾，二人役，歸一人。簡兵蒐乘，秣馬蓐食，師陳焚次，明日將戰。』行歸者，而逸楚囚。楚師宵潰，晉降彭城而歸諸宋，以魚石歸。楚失東夷，子辛死之，則雍子之爲也。子反與子靈爭夏姬，而雍害其事，子靈奔晉，晉人與之邢，以爲謀主，捍禦北狄，通吳於晉，教吳叛楚，教之乘車、射御、驅侵，使其子狐庸爲吳行人焉。吳於是伐巢、取駕、克棘、入州來，楚罷於奔命，至今爲患，則子靈之爲也。若敖之亂，伯賁之子賁皇奔晉，晉人與之苗，以爲謀主。鄢陵之役，楚晨壓晉軍而陳。晉將遁矣，苗賁皇曰：『楚師之良在其中軍王族而已，若塞井夷竈，成陳以當之，欒、范易行以誘之，中行、二郤必克二穆，吾乃四萃於其王族，必大敗之。』晉人從之，楚師大敗，王夷師熸，子反死之。鄭叛、吳興，楚失諸侯，則苗賁皇之爲也。」子木曰：「是皆然矣。」聲子曰：「今又有甚於此。椒舉娶於申公子牟，子牟得戾而亡，君大夫謂椒舉：『女實遣之。』懼而奔鄭，引領南望，曰：『庶幾赦余。』亦弗圖也。今在晉矣。晉人將與之縣，以比叔向。彼若謀害楚國，豈不爲患？」子木懼，言諸王，益其祿爵而復之。聲子使椒鳴逆之。

許靈公如楚，請伐鄭，曰：「師不興，孤不歸矣。」八月，卒於楚。楚子曰：「不伐鄭，何以求諸侯？」

冬十月，楚子伐鄭，鄭人將禦之。子產曰：「晉、楚將平，諸侯將和，楚王是故昧於一來。不如使逞而歸，乃易成也。夫小人之性，釁於勇，嗇於禍，以足其性而求名焉者，非國家之利也，若何從之？」子展說，不禦寇。十二月乙酉，入南里，墮其城。涉於樂氏，門於師之梁。縣門發，獲九人焉。涉於汜而歸。而後葬許靈公。

衛人歸衛姬於晉，乃釋衛侯。君子是以知平公之失政也。

晉韓宣子聘於周，王使請事。對曰：「晉士起將歸時事於宰旅，無他事矣。」王聞之，曰：「韓氏其昌阜於晉乎！辭不失舊。」

齊人城郲之歲，其夏，齊烏餘以廩丘奔晉，襲衛羊角，取之；遂襲我高魚。有大雨，自其竇入，介於其庫，以登其城，克而取之。又取邑於宋。於是范宣子卒，諸侯弗能治也。及趙文子爲政，乃卒治之。文子言於晉侯曰：「晉爲盟主，諸侯或相侵也，則討而使歸其地。今烏餘之邑，皆討類也，而貪之，是無以爲盟主也。請歸之。」公曰：「諾。孰可使也？」對曰：「胥梁帶能無用師。」晉侯使往。

經（襄公二十七年）

二十有七年春，齊侯使慶封來聘。

夏，叔孫豹會晉趙武、楚屈建、蔡公孫歸生、衛石惡、陳孔奐、鄭良霄、許人、曹人於宋。

衛殺其大夫甯喜。

衛侯之弟鱄出奔晉。

秋七月辛巳，豹及諸侯之大夫盟於宋。

冬十有二月乙亥朔，日有食之。

傳（襄公二十七年）

二十七年春，胥梁帶使諸喪邑者具車徒以受地，必周。使烏餘具車徒以受封。烏餘以其衆出，使諸侯僞效烏餘之封者，而遂執之，盡獲之。皆取其邑，而歸諸侯。諸侯是以睦於晉。

齊慶封來聘，其車美。孟孫謂叔孫曰：「慶季之車，不亦美乎！」叔孫曰：「豹聞之：『服美不稱，必以惡終。』美車何爲？」叔孫與慶封食，不敬。爲賦《相鼠》，亦不知也。

衛甯喜專，公患之，公孫免餘請殺之。公曰：「微甯子，不及此。吾與之言矣。事未可知，只成惡名，止也。」對曰：「臣殺之，君勿與知。」乃與公孫無地、公孫臣謀，使攻甯氏，弗克，皆死。公曰：「臣也無罪，父子死余矣！」夏，免餘復攻甯氏，殺甯喜及右宰穀，尸諸朝。石惡將會宋之盟，受命而出，衣其尸，枕之股而哭之。欲斂以亡，懼不免，且曰：「受命矣。」乃行。

子鮮曰：「逐我者出，納我者死。賞罰無章，何以沮勸？君失其信，而國無刑，不

亦難乎！且鱄實使之。」遂出奔晉。公使止之，不可。及河，又使止之，止使者而盟於河。托於木門，不鄉衛國而坐。木門大夫勸之仕，不可，曰：「仕而廢其事，罪也；從之，昭吾所以出也。將誰愬乎？吾不可以立於人之朝矣。」終身不仕。公喪之如稅服終身。

公與免餘邑六十，辭曰：「唯卿備百邑，臣六十矣。下有上祿，亂也。臣弗敢聞。且甯子唯多邑，故死，臣懼死之速及也。」公固與之，受其半。以爲少師。公使爲卿，辭曰：「大叔儀不貳，能贊大事，君其命之。」乃使文子爲卿。

宋向戌善於趙文子，又善於令尹子木，欲弭諸侯之兵以爲名。如晉，告趙孟。趙孟謀於諸大夫。韓宣子曰：「兵，民之殘也，財用之蠹，小國之大災也。將或弭之，雖曰不可，必將許之。弗許，楚將許之，以召諸侯，則我失爲盟主矣。」晉人許之。如楚，楚亦許之。如齊，齊人難之。陳文子曰：「晉、楚許之，我焉得已？且人曰『弭兵』，而我弗許，則固携吾民矣，將焉用之？」齊人許之。告於秦，秦亦許之。皆告於小國，爲會於宋。

五月甲辰，晉趙武至於宋。丙午，鄭良霄至。六月丁未朔，宋人享趙文子，叔向爲介。司馬置折俎，禮也。仲尼使舉是禮也，以爲多文辭。戊申，叔孫豹、齊慶封、陳須無、衛石惡至。甲寅，晉荀盈從趙武至。丙辰，邾悼公至。壬戌，楚公子黑肱先至，成言於晉。丁卯，宋向戌如陳，從子木成言於楚。戊辰，滕成公至。子木謂向戌，請晉、楚之從交相見也。庚午，向戌復於趙孟。趙孟曰：「晉、楚、齊、秦，匹也，晉之不能於齊，猶楚之不能於秦也。楚君若能使秦君辱於敝邑，寡君敢不固請於齊？」壬申，左師復言於子木，子木使馹謁諸王。王曰：「釋齊、秦，他國請相見也。」秋七月戊寅，左師至。是夜也，趙孟及子皙盟，以齊言。庚辰，子木至自陳。陳孔奐、蔡公孫歸生至。曹、許之大夫皆至。以藩爲軍。

晉、楚各處其偏。伯夙謂趙孟曰：「楚氛甚惡，懼難。」趙孟曰：「吾左還，入於宋，若我何？」辛巳，將盟於宋西門之外。楚人衷甲。伯州犂曰：「合諸侯之師，以爲不信，無乃不可乎？夫諸侯望信於楚，是以來服。若不信，是棄其所以服諸侯也。」固請釋甲。子木曰：「晉、楚無信久矣，事利而已。苟得志焉，焉用有信？」大宰退，告人曰：「令尹將死矣，不及三年。求逞志而棄信，志將逞乎？志以發言，言以出信，信以立志。參以定之。信亡，何以及三？」趙孟患楚衷甲，以告叔向。叔向曰：「何害也？匹夫一爲不信，猶不可，單斃其死。若合諸侯之卿，以爲不信，必不捷矣。食言者不病，非子之患也。夫以信召人，而以僭濟之，必莫之與也，安能害我？且吾因宋以守病，則夫能致死。與宋致死，雖倍楚可也，子何懼焉？又不及是。曰弭兵以召諸侯，而稱兵以害我，吾庸多矣，非所患也。」

季武子使謂叔孫以公命曰：「視邾、滕。」既而齊人請邾，宋人請滕，皆不與盟。叔孫曰：「邾、滕，人之私也；我，列國也，何故視之？宋、衛，吾匹也。」乃盟。故不書其族，言違命也。

晉、楚爭先。晉人曰：「晉固爲諸侯盟主，未有先晉者也。」楚人曰：「子言晉、楚

匹也，若晉常先，是楚弱也。且晉、楚狎主諸侯之盟也久矣，豈專在晉？」叔向謂趙孟曰：「諸侯歸晉之德只，非歸其尸盟也。子務德，無爭先。且諸侯盟，小國固必有尸盟者，楚爲晉細，不亦可乎？」乃先楚人。書先晉，晉有信也。

壬午，宋公兼享晉、楚之大夫，趙孟爲客，子木與之言，弗能對；使叔向侍言焉，子木亦不能對也。

乙酉，宋公及諸侯之大夫盟於蒙門之外。子木問於趙孟曰：「范武子之德何如？」對曰：「夫子之家事治，言於晉國無隱情，其祝史陳信於鬼神無愧辭。」子木歸以語王。王曰：「尚矣哉！能歆神、人，宜其光輔五君以爲盟主也。」子木又語王曰：「宜晉之伯也，有叔向以佐其卿，楚無以當之，不可與爭。」

晉荀盈遂如楚莅盟。

鄭伯享趙孟於垂隴，子展、伯有、子西、子産、子大叔、二子石從。趙孟曰：「七子從君，以寵武也。請皆賦，以卒君貺，武亦以觀七子之志。」子展賦《草蟲》，趙孟曰：「善哉，民之主也！抑武也，不足以當之。」伯有賦《鶉之賁賁》，趙孟曰：「牀第之言不踰閾，況在野乎？非使人之所得聞也。」子西賦《黍苗》之四章，趙孟曰：「寡君在，武何能焉！」子産賦《隰桑》，趙孟曰：「武請受其卒章。」子大叔賦《野有蔓草》，趙孟曰：「吾子之惠也。」印段賦《蟋蟀》，趙孟曰：「善哉，保家之主也！吾有望矣。」公孫段賦《桑扈》，趙孟曰：「『匪交匪敖』，福將焉往？若保是言也，欲辭福祿，得乎？」

卒享，文子告叔向曰：「伯有將爲戮矣。詩以言志，志誣其上而公怨之，以爲賓榮，其能久乎？幸而後亡。」叔向曰：「然，已侈，所謂不及五稔者，夫子之謂矣。」文子曰：「其餘皆數世之主也。子展其後亡者也，在上不忘降。印氏其次也，樂而不荒。樂以安民，不淫以使之，後亡，不亦可乎！」

宋左師請賞，曰：「請免死之邑。」公與之邑六十，以示子罕。子罕曰：「凡諸侯小國，晉、楚所以兵威之，畏而後上下慈和，慈和而後能安靖其國家，以事大國，所以存也。無威則驕，驕則亂生，亂生必滅，所以亡也。天生五材，民並用之，廢一不可，誰能去兵？兵之設久矣，所以威不軌而昭文德也。聖人以興，亂人以廢。廢興、存亡、昏明之術，皆兵之由也，而子求去之，不亦誣乎！以誣道蔽諸侯，罪莫大焉。縱無大討，而又求賞，無厭之甚也。」削而投之。左師辭邑。

向氏欲攻司城。左師曰：「我將亡，夫子存我，德莫大焉。又可攻乎？」君子曰：「『彼己之子，邦之司直』，樂喜之謂乎！『何以恤我，我其收之』，向戌之謂乎！」

齊崔杼生成及彊而寡，娶東郭姜，生明。東郭姜以孤入，曰棠无咎，與東郭偃相崔氏。崔成有疾而廢之，而立明。成請老於崔，崔子許之，偃與无咎弗予，曰：「崔，宗邑也，必在宗主。」成與彊怒，將殺之，告慶封曰：「夫子之身，亦子所知也，唯无咎與偃是從，父兄莫得進矣。大恐害夫子，敢以告。」慶封曰：「子姑退。吾圖之。」告盧蒲嫳。盧蒲嫳曰：「彼，君之讎也。天或者將棄彼矣。彼實家亂，子何病焉？崔之薄，慶之厚也。」他日又告。慶封曰：「苟利夫子，必去之。難，吾助女。」

九月庚辰，崔成、崔彊殺東郭偃、棠无咎於崔氏之朝。崔子怒而出，其衆皆逃，求人使駕，不得。使圉人駕，寺人御而出，且曰：「崔氏有福，止余猶可。」遂見慶封。慶封曰：「崔、慶一也。是何敢然？請爲子討之。」使盧蒲嫳帥甲以攻崔氏。崔氏堞其宮而守之。弗克，使國人助之，遂滅崔氏，殺成與彊，而盡俘其家，其妻縊。嫳復命於崔子，且御而歸之。至，則無歸矣。乃縊。崔明夜辟諸大墓。辛巳，崔明來奔。慶封當國。

楚薳罷如晉莅盟，晉侯享之。將出賦《既醉》。叔向曰：「薳氏之有後於楚國也，宜哉！承君命，不忘敏。子蕩將知政矣。敏以事君，必能養民，政其焉往？」

崔氏之亂，申鮮虞來奔，僕賃於野，以喪莊公。冬，楚人召之，遂如楚，爲右尹。

十一月乙亥朔，日有食之。辰在申，司歷過也，再失閏矣。

經（襄公二十八年）

二十有八年春，無冰。

夏，衛石惡出奔晉。

邾子來朝。

秋八月，大雩。

仲孫羯如晉。

冬，齊慶封來奔。

十有一月，公如楚。

十有二月甲寅，天王崩。

乙未，楚子昭卒。

傳（襄公二十八年）

二十八年春，無冰。梓慎曰：「今茲宋、鄭其饑乎！歲在星紀，而淫於玄枵。以有時災，陰不堪陽。蛇乘龍。龍，宋、鄭之星也。宋、鄭必饑。玄枵，虛中也。枵，秏名也。土虛而民秏，不饑何爲？」

夏，齊侯、陳侯、蔡侯、北燕伯、杞伯、胡子、沈子、白狄朝於晉，宋之盟故也。齊侯將行，慶封曰：「我不與盟，何爲於晉？」陳文子曰：「先事後賄，禮也。小事大，未獲事焉，從之如志，禮也。雖不與盟，敢叛晉乎？重丘之盟，未可忘也。子其勸行！」

衛人討甯氏之黨，故石惡出奔晉。衛人立其從子圃，以守石氏之祀，禮也。

邾悼公來朝，時事也。

秋八月，大雩，旱也。

蔡侯歸自晉，入於鄭。鄭伯享之，不敬。子産曰：「蔡侯其不免乎！日其過此也，君使子展廷勞於東門之外，而傲。吾曰猶將更之。今還受享而惰，乃其心也。君小國，事大國，而惰傲以爲己心，將得死乎？若不免，必由其子。其爲君也，淫而不父。僑聞之：如是者，恒有子禍。」

孟孝伯如晉，告將爲宋之盟故如楚也。

蔡侯之如晉也，鄭伯使游吉如楚。及漢，楚人還之，曰：「宋之盟，君實親辱。今

吾子來，寡君謂吾子姑還，吾將使馹奔問諸晉而以告。」子大叔曰：「宋之盟，君命將利小國，而亦使安定其社稷，鎮撫其民人，以禮承天之休，此君之憲令，而小國之望也。寡君是故使吉奉其皮幣，以歲之不易，聘於下執事。今執事有命曰：女何與政令之有？必使而君棄而封守，跋涉山川，蒙犯霜露，以逞君心。小國將君是望，敢不唯命是聽？無乃非盟載之言，以闕君德，而執事有不利焉，小國是懼。不然，其何勞之敢憚？」

子大叔歸，復命。告子展曰：「楚子將死矣。不修其政德，而貪昧於諸侯，以逞其願，欲久，得乎？《周易》有之：在復䷗之《頤》䷚，曰『迷復，凶』，其楚子之謂乎！欲復其願，而棄其本，復歸無所，是謂迷復，能無凶乎？君其往也，送葬而歸，以快楚心。楚不幾十年，未能恤諸侯也，吾乃休吾民矣。」裨竈曰：「今茲周王及楚子皆將死。歲棄其次，而旅於明年之次，以害鳥帑，周、楚惡之。」

九月，鄭游吉如晉，告將朝於楚以從宋之盟。子產相鄭伯以如楚。舍不爲壇。外僕言曰：「昔先大夫相先君適四國，未嘗不爲壇。自是至今亦皆循之。今子草舍，無乃不可乎？」子產曰：「大適小，則爲壇；小適大，苟舍而已，焉用壇？僑聞之，大適小有五美：宥其罪戾，赦其過失，救其災患，賞其德刑，教其不及。小國不困，懷服如歸，是故作壇以昭其功，宣告後人，無怠於德。小適大有五惡：說其罪戾，請其不足，行其政事，共其職貢，從其時命。不然，則重其幣帛，以賀其福而弔其凶，皆小國之禍也，焉用作壇以昭其禍？所以告子孫，無昭禍焉可也。」

齊慶封好田而耆酒，與慶舍政，則以其內實遷於盧蒲嫳氏，易內而飲酒數日，國遷朝焉。使諸亡人得賊者，以告而反之，故反盧蒲癸。癸臣子之，有寵，妻之。慶舍之士謂盧蒲癸曰：「男女辨姓，子不辟宗，何也？」曰：「宗不余辟，余獨焉辟之？賦詩斷章，余取所求焉，惡識宗？」癸言王何而反之，二人皆嬖，使執寢戈而先後之。

公膳日雙雞，饔人竊更之以鶩。御者知之，則去其肉，而以其洎饋。子雅、子尾怒。慶封告盧蒲嫳。盧蒲嫳曰：「譬之如禽獸，吾寢處之矣。」使析歸父告晏平仲。平仲曰：「嬰之衆不足用也，知無能謀也。言弗敢出，有盟可也。」子家曰：「子之言云，又焉用盟？」告北郭子車。子車曰：「人各有以事君，非佐之所能也。」陳文子謂桓子曰：「禍將作矣，吾其何得？」對曰：「得慶氏之木百車於莊。」文子曰：「可慎守也已。」

盧蒲癸、王何卜攻慶氏，示子之兆，曰：「或卜攻讎，敢獻其兆。」子之曰：「克，見血。」冬十月，慶封田於萊，陳無宇從。丙辰，文子使召之，請曰：「無宇之母疾病，請歸。」慶季卜之，示之兆，曰：「死。」奉龜而泣，乃使歸。慶嗣聞之，曰：「禍將作矣。」謂子家：「速歸，禍作必於嘗，歸猶可及也。」子家弗聽，亦無悛志。子息曰：「亡矣！幸而獲在吳、越。」陳無宇濟水，而戕舟發梁。

盧蒲姜謂癸曰：「有事而不告我，必不捷矣。」癸告之。姜曰：「夫子愎，莫之止，將不出。我請止之。」癸曰：「諾。」十一月乙亥，嘗於大公之廟，慶舍莅事。盧蒲姜告之，且止之，弗聽，曰：「誰敢者？」遂如公。麻嬰爲尸，慶奊爲上獻。盧蒲癸、王何執寢戈，慶氏以其甲環公宮。陳氏、鮑氏之圉人爲優。慶氏之馬善驚，士皆釋甲束馬，而飲酒，且觀優，至於魚里。欒、高、陳、鮑之徒介慶氏之甲。子尾抽桷，擊扉

三，盧蒲癸自後刺子之，王何以戈擊之，解其左肩。猶援廟桷，動於甍。以俎、壺投，殺人而後死。遂殺慶繩、麻嬰。公懼，鮑國曰：「羣臣爲君故也。」陳須無以公歸，稅服而如內宮。

慶封歸，遇告亂者。丁亥，伐西門，弗克。還伐北門，克之。入，伐內宮，弗克。反，陳於岳，請戰，弗許，遂來奔。獻車於季武子，美澤可以監。展莊叔見之，曰：「車甚澤，人必瘁，宜其亡也。」叔孫穆子食慶封，慶封氾祭。穆子不說，使工爲之誦《茅鴟》，亦不知。既而齊人來讓，奔吳。吳句餘予之朱方，聚其族焉而居之，富於其舊。子服惠伯謂叔孫曰：「天殆富淫人，慶封又富矣。」穆子曰：「善人富謂之賞，淫人富謂之殃。天其殃之也，其將聚而殲旃。」

癸巳，天王崩。未來赴，亦未書，禮也。

崔氏之亂，喪羣公子，故鉏在魯，叔孫還在燕，賈在句瀆之丘。及慶氏亡，皆召之，具其器用，而反其邑焉。與晏子邶殿其鄙六十，弗受。子尾曰：「富，人之所欲也。何獨弗欲？」對曰：「慶氏之邑足欲，故亡。吾邑不足欲也，益之以邶殿，乃足欲。足欲，亡無日矣。在外，不得宰吾一邑。不受邶殿，非惡富也，恐失富也。且夫富，如布帛之有幅焉。爲之制度，使無遷也。夫民，生厚而用利，於是乎正德以幅之，使無黜嫚，謂之幅利。利過則爲敗。吾不敢貪多，所謂幅也。」與北郭佐邑六十，受之。與子雅邑，辭多受少。與子尾邑，受而稍致之。公以爲忠，故有寵。釋盧蒲嫳於北竟。

求崔杼之尸，將戮之，不得。叔孫穆子曰：「必得之。武王有亂臣十人，崔杼其有乎？不十人，不足以葬。」既，崔杼之臣曰：「與我其拱璧，吾獻其柩。」於是得之。十二月乙亥朔，齊人遷莊公，殯於大寢，以其棺尸崔杼於市。國人猶知之，皆曰：「崔子也。」

爲宋之盟故，公及宋公、陳侯、鄭伯、許男如楚。公過鄭，鄭伯不在，伯有迋勞於黃崖，不敬。穆叔曰：「伯有無戾於鄭，鄭必有大咎。敬，民之主也，而棄之，何以承守？鄭人不討，必受其辜。濟澤之阿，行潦之蘋藻，寘諸宗室，季蘭尸之，敬也。敬可棄乎？」

及漢，楚康王卒。公欲反。叔仲昭伯曰：「我楚國之爲，豈爲一人？行也！」子服惠伯曰：「君子有遠慮，小人從邇。飢寒之不恤，誰遑其後？不如姑歸也。」叔孫穆子曰：「叔仲子專之矣；子服子，始學者也。」榮成伯曰：「遠圖者，忠也。」公遂行。宋向戌曰：「我一人之爲，非爲楚也。飢寒之不恤，誰能恤楚？姑歸而息民，待其立君而爲之備。」宋公遂反。

楚屈建卒，趙文子喪之如同盟，禮也。

王人來告喪，問崩日，以甲寅告，故書之，以徵過也。

經（襄公二十九年）

二十有九年春王正月，公在楚。

夏五月，公至自楚。

庚午，衛侯衎卒。

閽弑吴子餘祭。

仲孫羯會晉荀盈、齊高止、宋華定、衞世叔儀、鄭公孫段、曹人、莒人、滕人、薛人、小邾人城杞。

晉侯使士鞅來聘。

杞子來盟。

吴子使札來聘。

秋九月，葬衛獻公。

齊高止出奔北燕。

冬，仲孫羯如晉。

傳（襄公二十九年）

二十九年春王正月，公在楚，釋不朝正於廟也。

楚人使公親襚，公患之。穆叔曰：「祓殯而襚，則布幣也。」乃使巫以桃、茢先祓殯。楚人弗禁，既而悔之。

二月癸卯，齊人葬莊公於北郭。

夏四月，葬楚康王，公及陳侯、鄭伯、許男送葬，至於西門之外，諸侯之大夫皆至於墓。楚郟敖即位，王子圍爲令尹。鄭行人子羽曰：「是謂不宜，必代之昌。松柏之下，其草不殖。」

公還，及方城。季武子取卞，使公冶問，璽書追而與之，曰：「聞守卞者將叛，臣帥徒以討之，既得之矣。敢告。」公冶致使而退，及舍，而後聞取卞。公曰：「欲之而言叛，祇見疏也。」公謂公冶曰：「吾可以入乎？」對曰：「君實有國，誰敢違君？」公與公冶冕服。固辭，强之而後受。公欲無入。榮成伯賦《式微》，乃歸。五月，公至自楚。

公冶致其邑於季氏，而終不入焉。曰：「欺其君，何必使余？」季孫見之，則言季氏如他日；不見則終不言季氏。及疾，聚其臣，曰：「我死，必無以冕服斂，非德賞也。且無使季氏葬我。」

葬靈王，鄭上卿有事。子展使印段往。伯有曰：「弱，不可。」子展曰：「與其莫往，弱，不猶愈乎？《詩》云：『王事靡盬，不遑啓處。』東西南北，誰敢寧處？堅事晉、楚，以蕃王室也。王事無曠，何常之有？」遂使印段如周。

吴人伐越，獲俘焉，以爲閽，使守舟。吴子餘祭觀舟，閽以刀弑之。

鄭子展卒，子皮即位。於是鄭饑，而未及麥，民病。子皮以子展之命餼國人粟，户一鍾，是以得鄭國之民，故罕氏常掌國政，以爲上卿。宋司城子罕聞之，曰：「鄰於善，民之望也。」宋亦饑，請於平公，出公粟以貸；使大夫皆貸。司城氏貸而不書，爲大夫之無者貸。宋無饑人。叔向聞之，曰：「鄭之罕，宋之樂，其後亡者也，二者其皆得國乎！民之歸也。施而不德，樂氏加焉，其以宋升降乎！」

晉平公，杞出也，故治杞。六月，知悼子合諸侯之大夫以城杞，孟孝伯會之，鄭子大叔與伯石往。子大叔見大叔文子，與之語。文子曰：「甚乎其城杞也！」子大叔曰：

「若之何哉！晉國不恤周宗之闕，而夏肄是屏，其棄諸姬，亦可知也已。諸姬是棄，其誰歸之？吉也聞之：棄同即異，是謂離德。《詩》曰：『協比其鄰，婚姻孔云。』晉不鄰矣，其誰云之？」

齊高子容與宋司徒見知伯，女齊相禮。賓出，司馬侯言於知伯曰：「二子皆將不免。子容專，司徒侈，皆亡家之主也。」知伯曰：「何如？」對曰：「專則速及，侈將以其力斃，專則人實斃之，將及矣。」

范獻子來聘，拜城杞也。公享之，展莊叔執幣。射者三耦。公臣不足，取於家臣。家臣展瑕、展王父爲一耦；公臣公巫召伯、仲顔莊叔爲一耦，鄫鼓父、黨叔爲一耦。

晉侯使司馬女叔侯來治杞田，弗盡歸也。晉悼夫人慍曰：「齊也取貨，先君若有知也，不尚取之。」公告叔侯。叔侯曰：「虞、虢、焦、滑、霍、揚、韓、魏，皆姬姓也，晉是以大。若非侵小，將何所取？武、獻以下，兼國多矣，誰得治之？杞，夏餘也，而即東夷。魯，周公之後也，而睦於晉。以杞封魯猶可，而何有焉？魯之於晉也，職貢不乏，玩好時至，公卿大夫相繼於朝，史不絕書，府無虛月。如是可矣，何必瘠魯以肥杞？且先君而有知也，毋寧夫人，而焉用老臣？」

杞文公來盟，書曰「子」，賤之也。

吴公子札來聘，見叔孫穆子，説之。謂穆子曰：「子其不得死乎！好善而不能擇人。吾聞君子務在擇人。吾子爲魯宗卿，而任其大政，不慎舉，何以堪之？禍必及子！」請觀於周樂。使工爲之歌《周南》、《召南》，曰：「美哉！始基之矣，猶未也，然勤而不怨矣。」爲之歌《邶》、《鄘》、《衛》，曰：「美哉淵乎！憂而不困者也。吾聞衛康叔、武公之德如是，是其《衛風》乎！」爲之歌《王》，曰：「美哉！思而不懼，其周之東乎！」爲之歌《鄭》，曰：「美哉！其細已甚，民弗堪也。是其先亡乎！」爲之歌齊，曰：「美哉，泱泱乎！大風也哉！表東海者，其大公乎！國未可量也。」爲之歌《豳》，曰：「美哉，蕩乎！樂而不淫，其周公之東乎！」爲之歌《秦》，曰：「此之謂夏聲。夫能夏則大，大之至也，其周之舊乎！」爲之歌魏，曰：「美哉，渢渢乎！大而婉，險而易行，以德輔此，則明主也。」爲之歌《唐》，曰：「思深哉！其有陶唐氏之遺民乎！不然，何其憂之遠也？非令德之後，誰能若是？」爲之歌《陳》，曰：「國無主，其能久乎！」自《鄶》以下無譏焉。爲之歌《小雅》，曰：「美哉！思而不貳，怨而不言，其周德之衰乎？猶有先王之遺民焉。」爲之歌《大雅》，曰：「廣哉，熙熙乎！曲而有直體，其文王之德乎！」爲之歌《頌》，曰：「至矣哉！直而不倨，曲而不屈，邇而不偪，遠而不攜，遷而不淫，復而不厭，哀而不愁，樂而不荒，用而不匱，廣而不宣，施而不費，取而不貪，處而不底，行而不流。五聲和，八風平。節有度，守有序，盛德之所同也。」

見舞《象箾》、《南籥》者，曰：「美哉！猶有憾。」見舞《大武》者，曰：「美哉！周之盛也，其若此乎！」見舞《韶濩》者，曰：「聖人之弘也，而猶有慙德，聖人之難也。」見舞《大夏》者，曰：「美哉！勤而不德，非禹，其誰能修之？」見舞《韶箾》者，曰：「德至矣哉，大矣！如天之無不幬也，如地之無不載也。雖甚盛德，其蔑以加於此矣，觀止矣。若有他樂，吾不敢請已。」

其出聘也，通嗣君也。故遂聘於齊，說晏平仲，謂之曰：「子速納邑與政。無邑無政，乃免於難。齊國之政將有所歸，未獲所歸，難未歇也。」故晏子因陳桓子以納政與邑，是以免於欒、高之難。

聘於鄭，見子產，如舊相識。與之縞帶，子產獻紵衣焉。謂子產曰：「鄭之執政侈，難將至矣，政必及子。子爲政，慎之以禮。不然，鄭國將敗。」適衛，說蘧瑗、史狗、史鰌、公子荊、公叔發、公子朝，曰：「衛多君子，未有患也。」

自衛如晉，將宿於戚，聞鐘聲焉，曰：「異哉！吾聞之也：辯而不德，必加於戮。夫子獲罪於君以在此，懼猶不足，而又何樂？夫子之在此也，猶燕之巢於幕上。君又在殯，而可以樂乎？」遂去之。文子聞之，終身不聽琴瑟。適晉，說趙文子、韓宣子、魏獻子，曰：「晉國其萃於三族乎！」說叔向。將行，謂叔向曰：「吾子勉之！君侈而多良，大夫皆富，政將在家。吾子好直，必思自免於難。」

秋九月，齊公孫蠆、公孫竈放其大夫高止於北燕。乙未，出。書曰「出奔」，罪高止也。高止好以事自爲功且專，故難及之。

冬，孟孝伯如晉，報范叔也。

爲高氏之難故，高豎以盧叛。十月庚寅，閭丘嬰帥師圍盧。高豎曰：「苟使高氏有後，請致邑。」齊人立敬仲之曾孫酀，良敬仲也。十一月乙卯，高豎致盧而出奔晉，晉人城緜而寘旃。

鄭伯有使公孫黑如楚，辭曰：「楚、鄭方惡，而使余往，是殺余也。」伯有曰：「世行也。」子皙曰：「可則往，難則已，何世之有？」伯有將强使之。子皙怒，將伐伯有氏，大夫和之。十二月己巳，鄭大夫盟於伯有氏。裨諶曰：「是盟也，其與幾何？《詩》曰：『君子屢盟，亂是用長。』今是長亂之道也，禍未歇也，必三年而後能紓。」然明曰：「政將焉往？」裨諶曰：「善之代不善，天命也，其焉辟子產？舉不踰等，則位班也。擇善而舉，則世隆也。天又除之，奪伯有魄，子西即世，將焉辟之？天禍鄭久矣，其必使子產息之，乃猶可以戾。不然，將亡矣。」

經（襄公三十年）

三十年春王正月，楚子使薳罷來聘。

夏四月，蔡世子般弑其君固。

五月甲午，宋災，宋伯姬卒。

天王殺其弟佞夫。

王子瑕奔晉。

秋七月，叔弓如宋，葬宋共姬。

鄭良霄出奔許，自許入於鄭，鄭人殺良霄。

冬十月，葬蔡景公。

晉人、齊人、宋人、衛人、鄭人、曹人、莒人、邾人、滕人、薛人、杞人、小邾人，會於澶淵，宋災故。

傳（襄公三十年）

三十年春王正月，楚子使薳罷來聘，通嗣君也。穆叔問王子圍之爲政何如。對曰：「吾儕小人食而聽事，猶懼不給命，而不免於戾，焉與知政？」固問焉，不告。穆叔告大夫曰：「楚令尹將有大事，子蕩將與焉，助之匿其情矣。」

子產相鄭伯以如晉，叔向問鄭國之政焉。對曰：「吾得見與否，在此歲也。駟、良方爭，未知所成。若有所成，吾得見，乃可知也。」叔向曰：「不既和矣乎？」對曰：「伯有侈而愎，子晳好在人上，莫能相下也。雖其和也，猶相積惡也，惡至無日矣。」

二月癸未，晉悼夫人食輿人之城杞者，絳縣人或年長矣，無子而往與於食，有與疑年，使之年。曰：「臣，小人也，不知紀年。臣生之歲，正月甲子朔，四百有四十五甲子矣，其季於今三之一也。」吏走問諸朝。師曠曰：「魯叔仲惠伯會郤成子於承匡之歲也。是歲也，狄伐魯，叔孫莊叔於是乎敗狄於鹹，獲長狄僑如及虺也、豹也，而皆以名其子。七十三年矣。」史趙曰：「亥有二首六身，下二如身，是其日數也。」士文伯曰：「然則二萬六千六百有六旬也。」趙孟問其縣大夫，則其屬也。召之而謝過焉，曰：「武不才，任君之大事，以晉國之多虞，不能由吾子，使吾子辱在泥塗久矣，武之罪也。敢謝不才。」遂仕之，使助爲政。辭以老。與之田，使爲君復陶，以爲絳縣師，而廢其輿尉。

於是魯使者在晉，歸以語諸大夫。季武子曰：「晉未可偷也。有趙孟以爲大夫，有伯瑕以爲佐，有史趙、師曠而咨度焉，有叔向、女齊以師保其君。其朝多君子，其庸可偷乎？勉事之而後可。」

夏四月己亥，鄭伯及其大夫盟。君子是以知鄭難之不已也。

蔡景侯爲大子般娶於楚，通焉。大子弒景侯。

初，王儋季卒，其子括將見王，而嘆。單公子愆期爲靈王御士，過諸廷，聞其嘆，而言曰：「烏乎！必有此夫！」入以告王，且曰：「必殺之！不戚而願大，視躁而足高，心在他矣。不殺，必害。」王曰：「童子何知！」及靈王崩，儋括欲立王子佞夫。佞夫弗知。戊子，儋括圍蔿，逐成愆。成愆奔平時。五月癸巳，尹言多、劉毅、單蔑、甘過、鞏成殺佞夫。括、瑕、廖奔晉。書曰「天王殺其弟佞夫」，罪在王也。

或叫於宋太廟曰：「譆譆，出出。」鳥鳴於亳社，如曰「譆譆」。甲午，宋大災。宋伯姬卒，待姆也。君子謂宋共姬女而不婦。女待人，婦義事也。

六月，鄭子產如陳蒞盟，歸，復命。告大夫曰：「陳，亡國也，不可與也。聚禾粟，繕城郭，恃此二者，而不撫其民。其君弱植，公子侈，大子卑，大夫敖，政多門，以介於大國，能無亡乎？不過十年矣。」

秋七月，叔弓如宋，葬共姬也。

鄭伯有耆酒爲窟室，而夜飲酒擊鐘焉。朝至，未已。朝者曰：「公焉在？」其人曰：「吾公在壑谷。」皆自朝布路而罷。既而朝，則又將使子晳如楚，歸而飲酒。庚子，子晳以駟氏之甲伐而焚之。伯有奔雍梁，醒而後知之。遂奔許。

大夫聚謀。子皮曰：「《仲虺之志》云：『亂者取之，亡者侮之。』推亡固存，國之利也。罕、駟、豐同生，伯有汰侈，故不免。」人謂子產就直助彊。子產曰：「豈爲我

徒？國之禍難，誰知所敝？或主彊直，難乃不生。姑成吾所。」辛丑，子產斂伯有氏之死者而殯之，不及謀而遂行。印段從之。子皮止之。衆曰：「人不我順，何止焉？」子皮曰：「夫子禮於死者，況生者乎？」遂自止之。壬寅，子產入。癸卯，子石入。皆受盟於子晳氏。乙巳，鄭伯及其大夫盟於大宮，盟國人於師之梁之外。

伯有聞鄭人之盟己也怒，聞子皮之甲不與攻己也喜，曰：「子皮與我矣。」癸丑晨，自墓門之瀆入，因馬師頡介於襄庫，以伐舊北門。駟帶率國人以伐之。皆召子產。子產曰：「兄弟而及此，吾從天所與。」伯有死於羊肆。子產襚之，枕之股而哭之，斂而殯諸伯有之臣在市側者，既而葬諸斗城。子駟氏欲攻子產。子皮怒之，曰：「禮，國之干也。殺有禮，禍莫大焉。」乃止。

於是游吉如晉還，聞難，不入。復命於介。八月甲子，奔晉。駟帶追之，及酸棗。與子上盟，用兩珪質於河。使公孫肸入盟大夫。己巳，復歸。

書曰「鄭人殺良霄」，不稱大夫，言自外入也。

於子蟜之卒也，將葬，公孫揮與裨竈晨會事焉。過伯有氏，其門上生莠。子羽曰：「其莠猶在乎？」於是歲在降婁，降婁中而旦。裨竈指之曰：「猶可以終歲，歲不及此次也已。」及其亡也，歲在娵訾之口，其明年乃及降婁。

僕展從伯有，與之皆死。羽頡出奔晉，爲任大夫。

雞澤之會，鄭樂成奔楚，遂適晉。羽頡因之，與之比而事趙文子，言伐鄭之說焉。以宋之盟故，不可。子皮以公孫鉏爲馬師。

楚公子圍殺大司馬蔿掩而取其室。申無宇曰：「王子必不免。善人，國之主也。王子相楚國，將善是封殖，而虐之，是禍國也。且司馬，令尹之偏，而王之四體也。絕民之主，去身之偏，艾王之體，以禍其國，無不祥大焉，何以得免？」

爲宋災故，諸侯之大夫會，以謀歸宋財。冬十月，叔孫豹會晉趙武、齊公孫蠆、宋向戌、衞北宮佗、鄭罕虎及小邾之大夫會於澶淵。既而無歸於宋，故不書其人。

君子曰：「信其不可不愼乎！澶淵之會，卿不書，不信也夫。諸侯之上卿，會而不信，寵名皆棄，不信之不可也如是。《詩》曰：『文王陟降，在帝左右』，信之謂也。又曰：『淑愼爾止，無載爾僞』，不信之謂也。」書曰「某人某人會於澶淵，宋災故」，尤之也。不書魯大夫，諱之也。

鄭子皮授子產政。辭曰：「國小而偪，族大寵多，不可爲也。」子皮曰：「虎帥以聽，誰敢犯子？子善相之。國無小，小能事大，國乃寬。」

子產爲政，有事伯石，賂與之邑。子大叔曰：「國皆其國也，奚獨賂焉？」子產曰：「無欲實難。皆得其欲，以從其事，而要其成。非我有成，其在人乎？何愛於邑，邑將焉往？」子大叔曰：「若四國何？」子產曰：「非相違也，而相從也，四國何尤焉？《鄭書》有之曰：『安定國家，必大焉先。』姑先安大，以待其所歸。」既伯石懼而歸邑，卒與之。伯有既死，使大史命伯石爲卿，辭。大史退，則請命焉。復命之，又辭。如是三，乃受策入拜。子產是以惡其爲人也，使次己位。

子產使都鄙有章，上下有服；田有封洫，廬井有伍。大人之忠儉者，從而與之；泰

侈者因而斃之。豐卷將祭，請田焉。弗許，曰：「唯君用鮮，衆給而已。」子張怒，退而徵役。子產奔晉，子皮止之，而逐豐卷。豐卷奔晉。子產請其田里，三年而復之，反其田里及其入焉。從政一年，輿人誦之曰：「取我衣冠而褚之，取我田疇而伍之。孰殺子產，吾其與之！」及三年，又誦之曰：「我有子弟，子產誨之；我有田疇，子產殖之。子產而死，誰其嗣之？」

經（襄公三十一年）

三十有一年春王正月。

夏六月辛巳，公薨於楚宮。

秋九月癸巳，子野卒。

己亥，仲孫羯卒。

冬十月，滕子來會葬。

癸酉，葬我君襄公。

十有一月，莒人弒其君密州。

傳（襄公三十一年）

三十一年春王正月，穆叔至自會。見孟孝伯，語之曰：「趙孟將死矣。其語偷，不似民主。且年未盈五十而諄諄焉如八九十者，弗能久矣。若趙孟死，爲政者其韓子乎！吾子盍與季孫言之，可以樹善，君子也。晉君將失政矣，若不樹焉，使早備魯，既而政在大夫，韓子懦弱，大夫多貪，求欲無厭，齊、楚未足與也，魯其懼哉！」孝伯曰：「人生幾何，誰能無偷？朝不及夕，將安用樹？」穆叔出，而告人曰：「孟孫將死矣。吾語諸趙孟之偷也，而又甚焉。」又與季孫語晉故，季孫不從。及趙文子卒，晉公室卑，政在侈家。韓宣子爲政，不能圖諸侯。魯不堪晉求，讒慝弘多，是以有平丘之會。

齊子尾害閭丘嬰，欲殺之，使帥師以伐陽州。我問師故。夏五月，子尾殺閭丘嬰，以說於我師。工僂灑、渻竈、孔虺、賈寅出奔莒。出羣公子。

公作楚宮。穆叔曰：「《大誓》云：『民之所欲，天必從之。』君欲楚也夫，故作其宮。若不復適楚，必死是宮也。」六月辛巳，公薨於楚宮。叔仲帶竊其拱璧，以與御人，納諸其懷，而從取之，由是得罪。立胡女敬歸之子子野，次於季氏。秋九月癸巳，卒，毀也。

己亥，孟孝伯卒。立敬歸之娣齊歸之子公子裯。穆叔不欲，曰：「大子死，有母弟則立之，無則立長。年鈞擇賢，義鈞則卜，古之道也。非適嗣，何必娣之子？且是人也，居喪而不哀，在慼而有嘉容，是謂不度。不度之人，鮮不爲患。若果立之，必爲季氏憂。」武子不聽，卒立之。比及葬，三易衰，衰衽如故衰。於是昭公十九年矣，猶有童心，君子是以知其不能終也。

冬十月，滕成公來會葬，惰而多涕。子服惠伯曰：「滕君將死矣。怠於其位，而哀已甚，兆於死所矣，能無從乎？」

癸酉，葬襄公。公薨之月，子產相鄭伯以如晉，晉侯以我喪故，未之見也。子產

使盡壞其館之垣而納車馬焉。士文伯讓之曰：「敝邑以政刑之不修，寇盜充斥，無若諸侯之屬辱在寡君者何，是以令吏人完客所館，高其閈閎，厚其牆垣，以無憂客使。今吾子壞之，雖從者能戒，其若異客何？以敝邑之爲盟主，繕完葺牆，以待賓客。若皆毁之，其何以共命？寡君使匄請命。」對曰：「以敝邑褊小，介於大國，誅求無時，是以不敢寧居，悉索敝賦，以來會時事。逢執事之不間，而未得見；又不獲聞命，未知見時。不敢輸幣，亦不敢暴露。則輸之，則君之府實也，非薦陳之，不敢輸也。其暴露之，則恐燥濕之不時而朽蠹，以重敝邑之罪。僑聞文公之爲盟主也，宮室卑庳，無觀臺榭，以崇大諸侯之館，館如公寢；庫廄繕修，司空以時平易道路，圬人以時塓館宮室；諸侯賓至，甸設庭燎，僕人巡宮；車馬有所，賓從有代，巾車脂轄，隸人、牧、圉各瞻其事；百官之屬各展其物；公不留賓，而亦無廢事；憂樂同之，事則巡之；教其不知，而恤其不足。賓至如歸，無寧災患；不畏寇盜，而亦不患燥濕。今銅鞮之宮數里，而諸侯舍於隸人，門不容車，而不可踰越；盜賊公行，而天癘不戒。賓見無時，命不可知。若又勿壞，是無所藏幣以重罪也。敢請執事：將何所命之？雖君之有魯喪，亦敝邑之憂也。若獲薦幣，修垣而行，君之惠也，敢憚勤勞！」文伯復命。趙文子曰：「信。我實不德，而以隸人之垣以贏諸侯，是吾罪也。」使士文伯謝不敏焉。

晉侯見鄭伯，有加禮，厚其宴好而歸之。乃築諸侯之館。叔向曰：「辭之不可以已也如是夫！子産有辭，諸侯賴之，若之何其釋辭也？《詩》曰：『辭之輯矣，民之協矣；辭之繹矣，民之莫矣』，其知之矣。」

鄭子皮使印段如楚，以適晉告，禮也。

莒犂比公生去疾及展輿。既立展輿，又廢之。犂比公虐，國人患之。十一月，展輿因國人以攻莒子，弑之，乃立。去疾奔齊，齊出也。展輿，吴出也。書曰「莒人弑其君買朱鉏」，言罪之在也。

吴子使屈狐庸聘於晉，通路也。趙文子問焉，曰：「延州來季子其果立乎？巢隕諸樊，閽戕戴吴，天似啓之，何如？」對曰：「不立。是二王之命也，非啓季子也。若天所啓，其在今嗣君乎！甚德而度。德不失民，度不失事。民親而事有序，其天所啓也。有吴國者，必此君之子孫實終之。季子，守節者也，雖有國，不立。」

十二月，北宮文子相衛襄公以如楚，宋之盟故也。過鄭，印段迋勞於棐林，如聘禮而以勞辭。文子入聘。子羽爲行人，馮簡子與子大叔逆客。事畢而出，言於衛侯曰：「鄭有禮，其數世之福也，其無大國之討乎！《詩》云：『誰能執熱，逝不以濯？』禮之於政，如熱之有濯也。濯以救熱，何患之有？」

子産之從政也，擇能而使之：馮簡子能斷大事，子大叔美秀而文，公孫揮能知四國之爲，而辨於其大夫之族姓、班位、貴賤、能否，而又善爲辭令。裨諶能謀，謀於野則獲，謀於邑則否。鄭國將有諸侯之事，子産乃問四國之爲於子羽，且使多爲辭令；與裨諶乘以適野，使謀可否；而告馮簡子使斷之。事成，乃授子大叔使行之，以應對賓客，是以鮮有敗事。北宮文子所謂有禮也。

鄭人游於鄉校，以論執政。然明謂子産曰：「毁鄉校何如？」子産曰：「何爲？夫

人朝夕退而游焉，以議執政之善否。其所善者，吾則行之；其所惡者，吾則改之，是吾師也。若之何毁之？我聞忠善以損怨，不聞作威以防怨。豈不遽止？然猶防川。大決所犯，傷人必多，吾不克救也。不如小決使道，不如吾聞而藥之也。」然明曰：「蔑也今而後知吾子之信可事也。小人實不才，若果行此，其鄭國實賴之，豈唯二三臣？」仲尼聞是語也，曰：「以是觀之，人謂子産不仁，吾不信也。」

子皮欲使尹何爲邑。子産曰：「少，未知可否。」子皮曰：「願，吾愛之，不吾叛也。使夫往而學焉，夫亦愈知治矣。」子産曰：「不可。人之愛人，求利之也。今吾子愛人則以政，猶未能操刀而使割也，其傷實多。子之愛人，傷之而已，其誰敢求愛於子？子於鄭國，棟也。棟折榱崩，僑將厭焉，敢不盡言？子有美錦，不使人學制焉。大官、大邑，身之所庇也，而使學者制焉，其爲美錦不亦多乎？僑聞學而後入政，未聞以政學者也。若果行此，必有所害。譬如田獵，射御貫則能獲禽，若未嘗登車射御，則敗績厭覆是懼，何暇思獲？」子皮曰：「善哉！虎不敏。吾聞君子務知大者、遠者，小人務知小者、近者。我，小人也。衣服附在吾身，我知而慎之；大官、大邑所以庇身也，我遠而慢之。微子之言，吾不知也。他日我曰：子爲鄭國，我爲吾家，以庇焉，其可也。今而後知不足。自今請，雖吾家，聽子而行。」子産曰：「人心之不同如其面焉，吾豈敢謂子面如吾面乎？抑心所謂危，亦以告也。」子皮以爲忠，故委政焉，子産是以能爲鄭國。

衛侯在楚，北宮文子見令尹圍之威儀，言於衛侯曰：「令尹似君矣，將有他志。雖獲其志，不能終也。《詩》云：『靡不有初，鮮克有終。』終之實難，令尹其將不免。」公曰：「子何以知之？」對曰：「《詩》云：『敬慎威儀，惟民之則。』令尹無威儀，民無則焉。民所不則，以在民上，不可以終。」

公曰：「善哉！何謂威儀？」對曰：「有威而可畏謂之威，有儀而可象謂之儀。君有君之威儀，其臣畏而愛之，則而象之，故能有其國家，令聞長世。臣有臣之威儀，其下畏而愛之，故能守其官職，保族宜家。順是以下皆如是，是以上下能相固也。《衛詩》曰：『威儀棣棣，不可選也』，言君臣、上下、父子、兄弟、内外、大小皆有威儀也。《周詩》曰：『朋友攸攝，攝以威儀』，言朋友之道必相教訓以威儀也。《周書》數文王之德曰：『大國畏其力，小國懷其德』，言畏而愛之也。《詩》云：『不識不知，順帝之則』，言則而象之也。紂囚文王七年，諸侯皆從之囚，紂於是乎懼而歸之，可謂愛之。文王伐崇，再駕而降爲臣，蠻夷帥服，可謂畏之。文王之功，天下誦而歌舞之，可謂則之。文王之行，至今爲法，可謂象之。有威儀也。故君子在位可畏，施捨可愛，進退可度，周旋可則，容止可觀，作事可法，德行可象，聲氣可樂；動作有文，言語有章，以臨其下，謂之有威儀也。」

昭公

經（昭公元年）

元年春王正月，公即位。

叔孫豹會晉趙武、楚公子圍、齊國弱、宋向戌、衛齊惡、陳公子招、蔡公孫歸生、鄭罕虎、許人、曹人於虢。

三月，取鄆。

夏，秦伯之弟鍼出奔晉。

六月丁巳，邾子華卒。

晉荀吳帥師敗狄於大鹵。

秋，莒去疾自齊入於莒。莒展輿出奔吴。

叔弓帥師疆鄆田。

葬邾悼公。

冬十有一月己酉，楚子麇卒。

楚公子比出奔晉。

傳（昭公元年）

元年春，楚公子圍聘於鄭，且娶於公孫段氏。伍舉爲介。將入館，鄭人惡之，使行人子羽與之言，乃館於外。既聘，將以衆逆。子産患之，使子羽辭曰：「以敝邑褊小，不足以容從者，請墠聽命。」令尹命大宰伯州犂對曰：「君辱貺寡大夫圍，謂圍將使豐氏撫有而室。圍布几筵，告於莊、共之廟而來。若野賜之，是委君貺於草莽也，是寡大夫不得列於諸卿也。不寧唯是，又使圍蒙其先君，將不得爲寡君老，其蔑以復矣。唯大夫圖之！」子羽曰：「小國無罪，恃實其罪。將恃大國之安靖己，而無乃包藏禍心以圖之。小國失恃，而懲諸侯，使莫不憾者，距違君命，而有所壅塞不行是懼。不然，敝邑，館人之屬也，其敢愛豐氏之祧？」伍舉知其有備也，請垂櫜而入。許之。

正月乙未，入，逆而出。遂會於虢，尋宋之盟也。祁午謂趙文子曰：「宋之盟，楚人得志於晉。今令尹之不信，諸侯之所聞也。子弗戒，懼又如宋。子木之信稱於諸侯，猶詐晉而駕焉，況不信之尤者乎？楚重得志於晉，晉之恥也。子相晉國，以爲盟主，於今七年矣。再合諸侯，三合大夫，服齊、狄，寧東夏，平秦亂，城淳于，師徒不頓，國家不罷，民無謗讟，諸侯無怨，天無大災，子之力也。有令名矣，而終之以恥，午也是懼，吾子其不可以不戒。」文子曰：「武受賜矣。然宋之盟，子木有禍人之心，武有仁人之心，是楚所以駕於晉也。今武猶是心也，楚又行僭，非所害也。武將信以爲本，循而行之。譬如農夫，是穮是蓘；雖有饑饉，必有豐年。且吾聞之：能信不爲人下，吾未能也。《詩》曰：『不僭不賊，鮮不爲則』，信也。能爲人則者，不爲人下矣。吾不能是難，楚不爲患。」楚令尹圍請用牲讀舊書加於牲上而已，晉人許之。

三月甲辰，盟。楚公子圍設服離衛。叔孫穆子曰：「楚公子美矣，君哉！」鄭子皮曰：「二執戈者前矣。」蔡子家曰：「蒲宫有前，不亦可乎？」楚伯州犂曰：「此行也，

辭而假之寡君。」鄭行人揮曰：「假不反矣。」伯州犁曰：「子姑憂子皙之欲背誕也。」子羽曰：「當璧猶在，假而不反，子其無憂乎？」齊國子曰：「吾代二子愍矣。」陳公子招曰：「不憂何成？二子樂矣。」衛齊子曰：「苟或知之，雖憂何害？」宋合左師曰：「大國令，小國共，吾知共而已。」晉樂王鮒曰：「《小旻》之卒章善矣，吾從之。」

退會，子羽謂子皮曰：「叔孫絞而婉，宋左師簡而禮，樂王鮒字而敬，子與子家持之，皆保世之主也。齊、衛、陳大夫其不免乎！國子代人憂，子招樂憂，齊子雖憂弗害，夫弗及而憂，與可憂而樂，與憂而弗害，皆取憂之道也，憂必及之。《大誓》曰：『民之所欲，天必從之。』三大夫兆憂，憂能無至乎？言以知物，其是之謂矣。」

季武子伐莒，取鄆。莒人告於會。楚告於晉曰：「尋盟未退，而魯伐莒，瀆齊盟，請戮其使。」樂桓子相趙文子，欲求貨於叔孫，而爲之請。使請帶焉，弗與。梁其踁曰：「貨以藩身，子何愛焉？」叔孫曰：「諸侯之會，衛社稷也。我以貨免，魯必受師，是禍之也，何衛之爲？人之有牆，以蔽惡也；牆之隙壞，誰之咎也？衛而惡之，吾又甚焉。雖怨季孫，魯國何罪？叔出季處，有自來矣，吾又誰怨？然鮒也賄，弗與，不已。」召使者，裂裳帛而與之，曰：「帶其褊矣。」

趙孟聞之，曰：「臨患不忘國，忠也；思難不越官，信也；圖國忘死，貞也；謀主三者，義也。有是四者，又可戮乎？」乃請諸楚曰：「魯雖有罪，其執事不辟難，畏威而敬命矣。子若免之，以勸左右，可也。若子之羣吏，處不辟污，出不逃難，其何患之有？患之所生，污而不治，難而不守，所由來也。能是二者，又何患焉？不靖其能，其誰從之？魯叔孫豹可謂能矣，請免之，以靖能者。子會而赦有罪，又賞其賢，諸侯其誰不欣焉望楚而歸之，視遠如邇？疆埸之邑，一彼一此，何常之有？王、伯之令也，引其封疆，而樹之官，舉之表旂，而著之制令，過則有刑，猶不可壹。於是乎虞有三苗，夏有觀、扈，商有姺、邳，周有徐、奄。自無令王，諸侯逐進，狎主齊盟，其又可壹乎？恤大舍小，足以爲盟主，又焉用之？封疆之削，何國蔑有？主齊盟者，誰能辯焉？吳、濮有釁，楚之執事豈其顧盟？莒之疆事，楚勿與知，諸侯無煩，不亦可乎？莒、魯爭鄆，爲日久矣。苟無大害於其社稷，可無亢也。去煩宥善，莫不競勸。子其圖之。」固請諸楚，楚人許之，乃免叔孫。

令尹享趙孟，賦《大明》之首章。趙孟賦《小宛》之二章。事畢，趙孟謂叔向曰：「令尹自以爲王矣，何如？」對曰：「王弱，令尹彊，其可哉！雖可，不終。」趙孟曰：「何故？」對曰：「彊以克弱而安之，彊不義也。不義而彊，其斃必速。《詩》曰：『赫赫宗周，褒姒滅之』，彊不義也。令尹爲王，必求諸侯。晉少懦矣，諸侯將往。若獲諸侯，其虐滋甚，民弗堪也，將何以終？夫以强取，不義而克，必以爲道。道以淫虐，弗可久已矣。」

夏四月，趙孟、叔孫豹、曹大夫入於鄭，鄭伯兼享之。子皮戒趙孟，禮終，趙孟賦《瓠葉》。子皮遂戒穆叔，且告之。穆叔曰：「趙孟欲一獻，子其從之。」子皮曰：「敢乎？」穆叔曰：「夫人之所欲也，又何不敢？」及享，具五獻之籩豆於幕下。趙孟辭，私於子產曰：「武請於家宰矣。」乃用一獻。趙孟爲客。禮終乃宴。穆叔賦《鵲巢》，趙

孟曰：「武不堪也。」又賦《采蘩》，曰：「小國爲蘩，大國省穡而用之，其何實非命？」子皮賦《野有死麕》之卒章，趙孟賦《常棣》，且曰：「吾兄弟比以安，尨也可使無吠。」穆叔、子皮及曹大夫興，拜，舉兕爵，曰：「小國賴子，知免於戾矣。」飲酒樂，趙孟出曰：「吾不復此矣。」

天王使劉定公勞趙孟於潁，館於雒汭。劉子曰：「美哉禹功！明德遠矣。微禹，吾其魚乎！吾與子弁冕端委，以治民、臨諸侯，禹之力也。子盍亦遠績禹功而大庇民乎？」對曰：「老夫罪戾是懼，焉能恤遠？吾儕偷食，朝不謀夕，何其長也？」劉子歸，以語王曰：「諺所謂老將知而耄及之者，其趙孟之謂乎！爲晉正卿，以主諸侯，而儕於隸人，朝不謀夕，棄神、人矣。神怒、民叛，何以能久？趙孟不復年矣。神怒，不歆其祀；民叛，不即其事。祀、事不從，又何以年？」

叔孫歸，曾夭御季孫以勞之。旦及日中不出。曾夭謂曾阜，曰：「旦及日中，吾知罪矣。魯以相忍爲國也。忍其外，不忍其內，焉用之？」阜曰：「數月於外，一旦於是，庸何傷？賈而欲贏，而惡囂乎？」阜謂叔孫曰：「可以出矣。」叔孫指楹，曰：「雖惡是，其可去乎？」乃出見之。

鄭徐吾犯之妹美，公孫楚聘之矣，公孫黑又使强委禽焉。犯懼，告子產。子產曰：「是國無政，非子之患也。唯所欲與。」犯請於二子，請使女擇焉。皆許之。子皙盛飾入，布幣而出。子南戎服入，左右射，超乘而出。女自房觀之，曰：「子皙信美矣，抑子南，夫也。夫夫婦婦，所謂順也。」適子南氏。子皙怒，既而櫜甲以見子南，欲殺之而取其妻。子南知之，執戈逐之，及沖，擊之以戈。子皙傷而歸，告大夫曰：「我好見之，不知其有異志也，故傷。」

大夫皆謀之。子產曰：「直鈞，幼賤有罪，罪在楚也。」乃執子南，而數之，曰：「國之大節有五，女皆奸之。畏君之威，聽其政，尊其貴，事其長，養其親，五者所以爲國也。今君在國，女用兵焉，不畏威也；奸國之紀，不聽政也；子皙，上大夫，女，嬖大夫，而弗下之，不尊貴也；幼而不忌，不事長也；兵其從兄，不養親也。君曰：『余不女忍殺，宥女以遠。』勉，速行乎，無重而罪！」五月庚辰，鄭放游楚於吳。將行子南，子產咨於大叔。大叔曰：「吉不能亢身，焉能亢宗？彼，國政也，非私難也。子圖鄭國，利則行之，又何疑焉？周公殺管叔而蔡蔡叔，夫豈不愛？王室故也。吉若獲戾，子將行之，何有於諸游？」

秦后子有寵於桓，如二君於景。其母曰：「弗去，懼選。」癸卯，鍼適晉，其車千乘。書曰「秦伯之弟鍼出奔晉」，罪秦伯也。后子享晉侯，造舟於河，十里舍車，自雍及絳。歸取酬幣，終事八反。司馬侯問焉，曰：「子之車盡於此而已乎？」對曰：「此之謂多矣。若能少此，吾何以得見？」女叔齊以告公，且曰：「秦公子必歸。臣聞君子能知其過，必有令圖。令圖，天所贊也。」

后子見趙孟。趙孟曰：「吾子其曷歸？」對曰：「鍼懼選於寡君，是以在此，將待嗣君。」趙孟曰：「秦君何如？」對曰：「無道。」趙孟曰：「亡乎？」對曰：「何爲？一世無道，國未艾也。國於天地，有與立焉。不數世淫，弗能斃也。」趙孟曰：「天乎？」

對曰：「有焉。」趙孟曰：「其幾何？」對曰：「鍼聞之：國無道而年穀和熟，天贊之也。鮮不五稔。」趙孟視蔭，曰：「朝夕不相及，誰能待五？」后子出，而告人曰：「趙孟將死矣。主民，玩歲而愒日，其與幾何？」

鄭爲游楚亂故，六月丁巳，鄭伯及其大夫盟於公孫段氏。罕虎、公孫僑、公孫段、印段、游吉、駟帶私盟於閨門之外，實熏隧。公孫黑彊與於盟，使大史書其名，且曰「七子」。子產弗討。

晉中行穆子敗無終及羣狄於大原，崇卒也。將戰，魏舒曰：「彼徒我車，所遇又阨，以什共車，必克。困諸阨，又克。請皆卒，自我始。」乃毁車以爲行，五乘爲三伍。荀吳之嬖人不肯即卒，斬以徇。爲五陳以相離，兩於前，伍於後，專爲右角，參爲左角，偏爲前拒，以誘之。翟人笑之。未陳而薄之，大敗之。

莒展輿立，而奪羣公子秩。公子召去疾於齊。秋，齊公子鉏納去疾，展輿奔吴。

叔弓帥師疆鄆田，因莒亂也。於是莒務婁、瞀胡及公子滅明以大厖與常儀靡奔齊。君子曰：「莒展之不立，棄人也夫！人可棄乎？《詩》曰：『無競維人』，善矣。」

晉侯有疾，鄭伯使公孫僑如晉聘，且問疾。叔向問焉，曰：「寡君之疾病，卜人曰『實沈、臺駘爲祟』，史莫之知。敢問此何神也？」子產曰：「昔高辛氏有二子，伯曰閼伯，季曰實沈，居於曠林，不相能也，日尋干戈，以相征討。后帝不臧，遷閼伯於商丘，主辰。商人是因，故辰爲商星。遷實沈於大夏，主參，唐人是因，以服事夏、商。其季世曰唐叔虞。當武王邑姜方震大叔，夢帝謂己：『余命而子曰虞，將與之唐，屬諸

參，而蕃育其子孫。』及生，有文在其手曰虞，遂以命之。及成王滅唐，而封大叔焉，故參爲晉星。由是觀之，則實沈，參神也。昔金天氏有裔子曰昧，爲玄冥師，生允格、臺駘。臺駘能業其官，宣汾、洮，障大澤，以處大原。帝用嘉之，封諸汾川，沈、姒、蓐、黄實守其祀。今晉主汾而滅之矣。由是觀之，則臺駘，汾神也。抑此二者，不及君身。山川之神，則水旱癘疫之災於是乎禜之；日月星辰之神，則雪霜風雨之不時，於是乎禜之。「若君身，則亦出入、飲食、哀樂之事也，山川、星辰之神又何爲焉？僑聞之，君子有四時：朝以聽政，晝以訪問，夕以修令，夜以安身。於是乎節宣其氣，勿使有所壅閉湫底以露其體，兹心不爽，而昏亂百度。今無乃壹之，則生疾矣。僑又聞之：内官不及同姓，其生不殖。美先盡矣，則相生疾，君子是以惡之。故《志》曰：『買妾不知其姓，則卜之。』違此二者，古之所慎也。男女辨姓，禮之大司也。今君内實有四姬焉，其無乃是也乎？若由是二者，弗可爲也已。四姬有省猶可，無則必生疾矣。」叔向曰：「善哉！肸未之聞也，此皆然矣。」

叔向出，行人揮送之。叔向問鄭故焉，且問子皙。對曰：「其與幾何！無禮而好陵人，怙富而卑其上，弗能久矣。」晉侯聞子產之言，曰：「博物君子也。」重賄之。

晉侯求醫於秦，秦伯使醫和視之，曰：「疾不可爲也，是謂近女室，疾如蠱。非鬼非食，惑以喪志。良臣將死，天命不佑。」公曰：「女不可近乎？」對曰：「節之。先王之樂，所以節百事也，故有五節；遲速本末以相及，中聲以降。五降之後，不容彈矣。於是有煩手淫聲，慆堙心耳，乃忘平和，君子弗聽也。物亦如之。至於煩，乃舍也已，

無以生疾。君子之近琴瑟，以儀節也，非以慆心也。天有六氣，降生五味，發爲五色，徵爲五聲。淫生六疾。六氣曰陰、陽、風、雨、晦、明也，分爲四時，序爲五節，過則爲菑：陰淫寒疾，陽淫熱疾，風淫末疾，雨淫腹疾，晦淫惑疾，明淫心疾。女，陽物而晦時，淫則生内熱惑蠱之疾。今君不節、不時，能無及此乎？」

出，告趙孟。趙孟曰：「誰當良臣？」對曰：「主是謂矣。主相晉國，於今八年，晉國無亂，諸侯無闕，可謂良矣。和聞之：國之大臣，榮其寵禄、任其大節。有菑禍興，而無改焉，必受其咎。今君至於淫以生疾，將不能圖恤社稷，禍孰大焉？主不能御，吾是以云也。」趙孟曰：「何謂蠱？」對曰：「淫溺惑亂之所生也。於文：皿蟲爲蠱。穀之飛亦爲蠱。在《周易》：女惑男、風落山謂之《蠱》䷑。皆同物也。」趙孟曰：「良醫也。」厚其禮而歸之。

楚公子圍使公子黑肱、伯州犂城犨、櫟、郟。鄭人懼。子產曰：「不害。令尹將行大事，而先除二子也。禍不及鄭，何患焉？」

冬，楚公子圍將聘於鄭，伍舉爲介。未出竟，聞王有疾而還。伍舉遂聘。十一月己酉，公子圍至，入問王疾，縊而弒之，遂殺其二子幕及平夏。右尹子干出奔晉，宮厩尹子晳出奔鄭。殺大宰伯州犂於郟。葬王於郟，謂之「郟敖」。使赴於鄭，伍舉問應爲後之辭焉，對曰：「寡大夫圍。」伍舉更之曰：「共王之子圍爲長。」

子干奔晉，從車五乘，叔向使與秦公子同食，皆百人之餼。趙文子曰：「秦公子富。」叔向曰：「底禄以德，德鈞以年，年同以尊。公子以國，不聞以富。且夫以千乘去其國，彊禦已甚。《詩》曰：『不侮鰥寡，不畏彊禦。』秦、楚，匹也。」使后子與子干齒，辭曰：「鍼懼選，楚公子不獲，是以皆來，亦唯命。且臣與羈齒，無乃不可乎？史佚有言曰：『非羈，何忌？』」

楚靈王即位，薳罷爲令尹，薳啓彊爲大宰。鄭游吉如楚葬郟敖，且聘立君。歸，謂子產曰：「具行器矣。楚王汰侈，而自説其事，必合諸侯，吾往無日矣。」子產曰：「不數年未能也。」

十二月，晉既烝，趙孟適南陽，將會孟子餘。甲辰朔，烝於温，庚戌，卒。鄭伯如晉弔，及雍乃復。

經（昭公二年）

二年春，晉侯使韓起來聘。

夏，叔弓如晉。

秋，鄭殺其大夫公孫黑。

冬，公如晉，至河乃復。

季孫宿如晉。

傳（昭公二年）

二年春，晉侯使韓宣子來聘，且告爲政，而來見，禮也。觀書於大史氏，見《易》《象》與魯《春秋》，曰：「周禮盡在魯矣，吾乃今知周公之德與周之所以王也。」公享

之，季武子賦《緜》之卒章。韓子賦《角弓》。季武子拜，曰：「敢拜子之彌縫敝邑，寡君有望矣。」武子賦《節》之卒章。既享，宴於季氏。有嘉樹焉，宣子譽之。武子曰：「宿敢不封殖此樹，以無忘《角弓》。」遂賦《甘棠》。宣子曰：「起不堪也，無以及召公。」

宣子遂如齊納幣。見子雅。子雅召子旗，使見宣子。宣子曰：「非保家之主也，不臣。」見子尾。子尾見彊，宣子謂之如子旗。大夫多笑之，唯晏子信之，曰：「夫子，君子也。君子有信，其有以知之矣。」自齊聘於衛，衛侯享之。北宮文子賦《淇澳》，宣子賦《木瓜》。

夏四月，韓須如齊逆女。齊陳無宇送女，致少姜。少姜有寵於晉侯，晉侯謂之少齊。謂陳無宇非卿，執諸中都。少姜爲之請，曰：「送從逆班。畏大國也，猶有所易，是以亂作。」

叔弓聘於晉，報宣子也。晉侯使郊勞，辭曰：「寡君使弓來繼舊好，固曰『女無敢爲賓』，徹命於執事，敝邑弘矣，敢辱郊使？請辭。」致館，辭曰：「寡君命下臣來繼舊好，好合使成，臣之禄也。敢辱大館！」叔向曰：「子叔子知禮哉！吾聞之曰：『忠信，禮之器也；卑讓，禮之宗也。』辭不忘國，忠信也；先國後己，卑讓也。《詩》曰：『敬慎威儀，以近有德。』夫子近德矣。」

秋，鄭公孫黑將作亂，欲去游氏而代其位，傷疾作而不果。駟氏與諸大夫欲殺之。子産在鄙，聞之，懼弗及，乘遽而至。使吏數之，曰：「伯有之亂，以大國之事，而未爾討也。爾有亂心無厭，國不女堪。專伐伯有，而罪一也；昆弟争室，而罪二也；熏隧之盟，汝矯君位，而罪三也。有死罪三，何以堪之？不速死，大刑將至。」再拜稽首，辭曰：「死在朝夕，無助天爲虐。」子産曰：「人誰不死？凶人不終，命也。作凶事，爲凶人。不助天，其助凶人乎！」請以印爲褚師。子産曰：「印也若才，君將任之；不才，將朝夕從女。女罪之不恤，而又何請焉？不速死，司寇將至。」七月壬寅，縊。尸諸周氏之衢，加木焉。

晉少姜卒，公如晉，及河，晉侯使士文伯來辭，曰：「非伉儷也，請君無辱。」公還。季孫宿遂致服焉。叔向言陳無宇於晉侯曰：「彼何罪？君使公族逆之，齊使上大夫送之，猶曰不共，君求以貪。國則不共，而執其使。君刑已頗，何以爲盟主？且少姜有辭。」冬十月，陳無宇歸。十一月，鄭印段如晉弔。

經（昭公三年）

三年春王正月丁未，滕子原卒。

夏，叔弓如滕。

五月，葬滕成公。

秋，小邾子來朝。

八月，大雩。

冬，大雨雹。

北燕伯款出奔齊。

傳（昭公三年）

三年春王正月，鄭游吉如晉，送少姜之葬。梁丙與張趯見之。梁丙曰：「甚矣哉，子之爲此來也！」子大叔曰：「將得已乎！昔文、襄之霸也，其務不煩諸侯，令諸侯三歲而聘，五歲而朝，有事而會，不協而盟。君薨，大夫弔，卿共葬事；夫人，士弔，大夫送葬。足以昭禮、命事、謀闕而已，無加命矣。今嬖寵之喪，不敢擇位，而數於守適，唯懼獲戾，豈敢憚煩？少姜有寵而死，齊必繼室。今茲吾又將來賀，不唯此行也。」張趯曰：「善哉，吾得聞此數也！然自今子其無事矣。譬如火焉，火中，寒暑乃退。此其極也，能無退乎？晉將失諸侯，諸侯求煩不獲。」二大夫退。子大叔告人曰：「張趯有知，其猶在君子之後乎！」

丁未，滕子原卒。同盟，故書名。

齊侯使晏嬰請繼室於晉，曰：「寡君使嬰曰：『寡人願事君朝夕不倦，將奉質幣以無失時，則國家多難，是以不獲。不腆先君之適以備內官，焜耀寡人之望，則又無祿，早世隕命，寡人失望。君若不忘先君之好，惠顧齊國，辱收寡人，徼福於大公、丁公，照臨敝邑，鎮撫其社稷，則猶有先君之適及遺姑姊妹若而人。君若不棄敝邑，而辱使董振擇之，以備嬪嬙，寡人之望也。』」韓宣子使叔向對曰：「寡君之願也。寡君不能獨任其社稷之事，未有伉儷，在縗絰之中，是以未敢請。君有辱命，惠莫大焉。若惠顧敝邑，撫有晉國，賜之內主，豈唯寡君，舉羣臣實受其貺，其自唐叔以下實寵嘉之。」

既成婚，晏子受禮，叔向從之宴，相與語。叔向曰：「齊其何如？」晏子曰：「此季世也，吾弗知齊其爲陳氏矣。公棄其民，而歸於陳氏。齊舊四量，豆、區、釜、鍾。四升爲豆，各自其四，以登於釜。釜十則鍾。陳氏三量皆登一焉，鍾乃大矣。以家量貸，而以公量收之。山木如市，弗加於山；魚、鹽、蜃、蛤，弗加於海。民參其力，二入於公，而衣食其一。公聚朽蠹，而三老凍餒，國之諸市，屨賤踊貴。民人痛疾，而或燠休之。其愛之如父母，而歸之如流水。欲無獲民，將焉辟之？箕伯、直柄、虞遂、伯戲其相胡公、大姬已在齊矣。」叔向曰：「然，雖吾公室，今亦季世也。戎馬不駕，卿無軍行，公乘無人，卒列無長。庶民罷敝，而宮室滋侈。道殣相望，而女富溢尤。民聞公命，如逃寇讎。欒、郤、胥、原、狐、續、慶、伯降在皁隸，政在家門，民無所依。君日不悛，以樂慆憂。公室之卑，其何日之有？《讒鼎之銘》曰：『昧旦丕顯，後世猶怠。』況日不悛，其能久乎？」晏子曰：「子將若何？」叔向曰：「晉之公族盡矣。肸聞之：公室將卑，其宗族枝葉先落，則公室從之。肸之宗十一族，唯羊舌氏在而已。肸又無子，公室無度，幸而得死豈其獲祀？」

初，景公欲更晏子之宅，曰：「子之宅近市，湫隘囂塵，不可以居，請更諸爽塏者。」辭曰：「君之先臣容焉，臣不足以嗣之，於臣侈矣。且小人近市，朝夕得所求，小人之利也，敢煩里旅？」公笑曰：「子近市，識貴賤乎？」對曰：「既利之，敢不識乎？」公曰：「何貴？何賤？」於是景公繁於刑，有鬻踊者，故對曰：「踊貴，屨賤。」既已告於君，故與叔向語而稱之。景公爲是省於刑。君子曰：「仁人之言，其利博哉！晏子一言，而齊侯省刑。《詩》曰：『君子如祉，亂庶遄已』，其是之謂乎！」

及晏子如晉，公更其宅。反，則成矣。既拜，乃毁之，而爲里室，皆如其舊，則使宅人反之，曰：「諺曰：『非宅是卜，唯鄰是卜。』二三子先卜鄰矣。違卜不祥。君子不犯非禮，小人不犯不祥，古之制也。吾敢違諸乎？」卒復其舊宅，公弗許；因陳桓子以請，乃許之。

夏四月，鄭伯如晉，公孫段相，甚敬而卑，禮無違者。晉侯嘉焉，授之以策，曰：「子豐有勞於晉國，余聞而弗忘。賜女州田，以胙乃舊勛。」伯石再拜稽首，受策以出。君子曰：「禮，其人之急也乎！伯石之汰也，一爲禮於晉，猶荷其禄，况以禮終始乎！《詩》曰：『人而無禮，胡不遄死』，其是之謂乎！」

初，州縣，欒豹之邑也。及欒氏亡，范宣子、趙文子、韓宣子皆欲之。文子曰：「温，吾縣也。」二宣子曰：「自郤稱以别，三傳矣。晉之别縣不唯州，誰獲治之？」文子病之，乃舍之。二宣子曰：「吾不可以正議而自與也。」皆舍之。及文子爲政，趙獲曰：「可以取州矣。」文子曰：「退！二子之言，義也。違義，禍也。余不能治余縣，又焉用州，其以徼禍也？君子曰：『弗知實難。』知而弗從，禍莫大焉。有言州必死！」豐氏故主韓氏，伯石之獲州也，韓宣子爲之請之，爲其復取之之故。

五月，叔弓如滕，葬滕成公，子服椒爲介。及郊，遇懿伯之忌，敬子不入。惠伯曰：「公事有公利，無私忌。椒請先入。」乃先受館。敬子從之。

晉韓起如齊逆女。公孫蠆爲少姜之有寵也，以其子更公女，而嫁公子。人謂宣子：「子尾欺晉，晉胡受之？」宣子曰：「我欲得齊，而遠其寵，寵將來乎？」

秋七月，鄭罕虎如晉，賀夫人，且告曰：「楚人日徵敝邑以不朝立王之故。敝邑之往，則畏執事其謂寡君而固有外心；其不往，則宋之盟云。進退罪也。寡君使虎布之。」宣子使叔向對曰：「君若辱有寡君，在楚何害？修宋盟也。君苟思盟，寡君乃知免於戾矣。君若不有寡君，雖朝夕辱於敝邑，寡君猜焉。君實有心，何辱命焉？君其往也！苟有寡君，在楚猶在晉也。」

張趯使謂大叔曰：「自子之歸也，小人糞除先人之敝廬，曰：『子其將來。』今子皮實來，小人失望。」大叔曰：「吉賤，不獲來，畏大國、尊夫人也。且孟曰『而將無事』，吉庶幾焉。」

小邾穆公來朝，季武子欲卑之。穆叔曰：「不可。曹、滕二邾實不忘我好，敬以逆之，猶懼其貳，又卑一睦，焉逆羣好也？其如舊而加敬焉。《志》曰：『能敬無災。』又曰：『敬逆來者，天所福也。』」季孫從之。

八月，大雩，旱也。

齊侯田於莒，盧蒲嫳見，泣，且請曰：「余髮如此種種，余奚能爲？」公曰：「諾。吾告二子。」歸而告之。子尾欲復之，子雅不可，曰：「彼其髮短而心甚長，其或寢處我矣。」九月，子雅放盧蒲嫳於北燕。

燕簡公多嬖寵，欲去諸大夫而立其寵人。冬，燕大夫比以殺公之外嬖。公懼，奔齊。書曰「北燕伯款出奔齊」，罪之也。

十月，鄭伯如楚，子産相。楚子享之，賦《吉日》。既享，子産乃具田備，王以田

江南之夢。

齊公孫竈卒。司馬竈見晏子，曰：「又喪子雅矣。」晏子曰：「惜也！子旂不免，殆哉！姜族弱矣，而嬀將始昌。二惠競爽猶可，又弱一个焉，姜其危哉！」

經（昭公四年）

四年春王正月，大雨雹。

夏，楚子、蔡侯、陳侯、鄭伯、許男、徐子、滕子、頓子、胡子、沈子、小邾子、宋世子佐、淮夷會於申。

楚人執徐子。

秋七月，楚子、蔡侯、陳侯、許男、頓子、胡子、沈子、淮夷伐吳，執齊慶封，殺之。遂滅賴。

九月，取鄫。

冬十有二月乙卯，叔孫豹卒。

傳（昭公四年）

四年春王正月，許男如楚，楚子止之；遂止鄭伯，復田江南，許男與焉。

使椒舉如晉求諸侯，二君待之。椒舉致命曰：「寡君使舉曰：日君有惠，賜盟於宋，曰：『晉、楚之從交相見也。』以歲之不易，寡人願結歡於二三君，使舉請間。君若苟無四方之虞，則願假寵以請於諸侯。」晉侯欲勿許。司馬侯曰：「不可。楚王方侈，天

或者欲逞其心，以厚其毒，而降之罰，未可知也。其使能終，亦未可知也。晉、楚唯天所相，不可與爭。君其許之，而修德以待其歸。若歸於德，吾猶將事之，況諸侯乎？若適淫虐，楚將棄之，吾又誰與爭？」公曰：「晉有三不殆，其何敵之有？國險而多馬，齊、楚多難；有是三者，何鄉而不濟？」對曰：「恃險與馬而虞鄰國之難，是三殆也。四嶽、三塗、陽城、大室、荊山、中南，九州島之險也，是不一姓。冀之北土，馬之所生，無興國焉。恃險與馬，不可以爲固也，從古以然。是以先王務修德音以亨神人，不聞其務險與馬也。鄰國之難，不可虞也。或多難以固其國，啓其疆土；或無難以喪其國，失其守宇，若何虞難？齊有仲孫之難，而獲桓公，至今賴之。晉有里、丕之難而獲文公，是以爲盟主。衛、邢無難，敵亦喪之。故人之難，不可虞也。恃此三者而不修政德，亡於不暇，又何能濟？君其許之！紂作淫虐，文王惠和，殷是以隕，周是以興，夫豈爭諸侯？」乃許楚使。使叔向對曰：「寡君有社稷之事，是以不獲春秋時見。諸侯，君實有之，何辱命焉？」椒舉遂請昏，晉侯許之。

楚子問於子產曰：「晉其許我諸侯乎？」對曰：「許君。晉君少安，不在諸侯。其大夫多求，莫匡其君。在宋之盟又曰如一。若不許君，將焉用之？」王曰：「諸侯其來乎？」對曰：「必來。從宋之盟，承君之歡，不畏大國，何故不來？不來者，其魯、衛、曹、邾乎！曹畏宋，邾畏魯，魯、衛偪於齊而親於晉，唯是不來。其餘，君之所及也，誰敢不至？」王曰：「然則吾所求者無不可乎？」對曰：「求逞於人，不可；與人同欲，盡濟。」

大雨雹。季武子問於申豐曰：「雹可禦乎？」對曰：「聖人在上，無雹。雖有，不爲災。古者日在北陸而藏冰，西陸朝覿而出之。其藏冰也，深山窮谷，固陰沍寒，於是乎取之。其出之也，朝之祿位，賓、食、喪、祭，於是乎用之。其藏之也，黑牡、秬黍以享司寒。其出之也，桃弧棘矢，以除其災。其出入也時。食肉之祿，冰皆與焉。大夫命婦喪浴用冰。祭寒而藏之，獻羔而啓之，公始用之，火出而畢賦，自命夫命婦至於老疾，無不受冰。山人取之，縣人傳之，輿人納之，隸人藏之。夫冰以風壯，而以風出。其藏之也周，其用之也徧，則冬無愆陽，夏無伏陰，春無淒風，秋無苦雨，雷出不震，無菑霜雹，癘疾不降，民不夭札。今藏川池之冰棄而不用，風不越而殺，雷不發而震。雹之爲菑，誰能禦之？《七月》之卒章，藏冰之道也。」

夏，諸侯如楚，魯、衛、曹、邾不會。曹、邾辭以難，公辭以時祭，衛侯辭以疾。鄭伯先待於申。六月丙午，楚子合諸侯於申。椒舉言於楚子曰：「臣聞諸侯無歸，禮以爲歸。今君始得諸侯，其慎禮矣。霸之濟否，在此會也。夏啓有鈞臺之享，商湯有景亳之命，周武有孟津之誓，成有岐陽之蒐，康有酆宮之朝，穆有塗山之會，齊桓有召陵之師，晉文有踐土之盟。君其何用？宋向戌、鄭公孫僑在，諸侯之良也，君其選焉。」王曰：「吾用齊桓。」王使問禮於左師與子產。左師曰：「小國習之，大國用之，敢不薦聞？」獻公合諸侯之禮六。子產曰：「小國共職，敢不薦守？」獻伯子男會公之禮六。君子謂合左師善守先代，子產善相小國。

王使椒舉侍於後以規過，卒事不規。王問其故，對曰：「禮，吾所未見者有六焉，又何以規？」宋大子佐後至，王田於武城，久而弗見。椒舉請辭焉。王使往，曰：「屬有宗祧之事於武城，寡君將墮幣焉，敢謝後見。」徐子，吳出也，以爲貳焉，故執諸申。

楚子示諸侯侈。椒舉曰：「夫六王、二公之事，皆所以示諸侯禮也，諸侯所由用命也。夏桀爲仍之會，有緡叛之。商紂爲黎之蒐，東夷叛之；周幽爲大室之盟，戎狄叛之，皆所以示諸侯汰也，諸侯所由棄命也。今君以汰，無乃不濟乎？」王弗聽。子產見左師曰：「吾不患楚矣。汰而愎諫，不過十年。」左師曰：「然。不十年侈，其惡不遠。遠惡而後棄。善亦如之，德遠而後興。」

秋七月，楚子以諸侯伐吳，宋大子、鄭伯先歸，宋華費遂、鄭大夫從。使屈申圍朱方，八月甲申，克之，執齊慶封而盡滅其族。將戮慶封，椒舉曰：「臣聞無瑕者可以戮人。慶封惟逆命，是以在此，其肯從於戮乎？播於諸侯，焉用之？」王弗聽，負之斧鉞，以徇於諸侯，使言曰：「無或如齊慶封弒其君，弱其孤，以盟其大夫！」慶封曰：「無或如楚共王之庶子圍弒其君——兄之子麇——而代之，以盟諸侯！」王使速殺之。

遂以諸侯滅賴。賴子面縛銜璧，士袒，輿櫬從之，造於中軍。王問諸椒舉，對曰：「成王克許，許僖公如是。王親釋其縛，受其璧，焚其櫬。」王從之。遷賴於鄢。

楚子欲遷許於賴，使鬭韋龜與公子棄疾城之而還。申無宇曰：「楚禍之首將在此矣。召諸侯而來，伐國而克，城竟莫校，王心不違，民其居乎？民之不處，其誰堪之？不堪王命，乃禍亂也。」

九月，取鄫，言易也。莒亂，著丘公立而不撫鄫，鄫叛而來，故曰取。凡克邑，不

用師徒曰取。

鄭子産作丘賦，國人謗之，曰：「其父死於路，己爲蠆尾，以令於國，國將若之何？」子寬以告。子産曰：「何害？苟利社稷，死生以之。且吾聞爲善者不改其度，故能有濟也。民不可逞，度不可改。《詩》曰：『禮義不愆，何恤於人言？』吾不遷矣。」渾罕曰：「國氏其先亡乎！君子作法於涼，其敝猶貪。作法於貪，敝將若之何？姬在列者，蔡及曹、滕其先亡乎！偪而無禮。鄭先衛亡，偪而無法。政不率法，而制於心。民各有心，何上之有？」

冬，吴伐楚，入棘、櫟、麻，以報朱方之役。楚沈尹射奔命於夏汭，葴尹宜咎城鍾離，薳啓彊城巢，然丹城州來。東國水，不可以城。彭生罷賴之師。

初，穆子去叔孫氏，及庚宗，遇婦人，使私爲食而宿焉。問其行，告之故，哭而送之。適齊，娶於國氏，生孟丙、仲壬。夢天壓己，弗勝，顧而見人，黑而上僂，深目而豭喙，號之曰：「牛！助余！」乃勝之。旦而皆召其徒，無之。且曰：「志之！」及宣伯奔齊，饋之。宣伯曰：「魯以先子之故，將存吾宗，必召女。召女，何如？」對曰：「願之久矣。」

魯人召之，不告而歸。既立，所宿庚宗之婦人獻以雉。問其姓，對曰：「余子長矣，能奉雉而從我矣。」召而見之，則所夢也。未問其名，號之曰「牛」，曰：「唯。」皆召其徒使視之，遂使爲竪。有寵，長使爲政。公孫明知叔孫於齊，歸，未逆國姜，子明取之，故怒，其子長而後使逆之。

田於丘蕕，遂遇疾焉。竪牛欲亂其室而有之，彊與孟盟，不可。叔孫爲孟鐘，曰：「爾未際，饗大夫以落之。」既具，使竪牛請日。入，弗謁；出，命之日。及賓至，聞鐘聲。牛曰：「孟有北婦人之客。」怒，將往，牛止之。賓出，使拘而殺諸外。牛又强與仲盟，不可。仲與公御萊書觀於公，公與之環，使牛入示之。入，不示；出，命佩之。牛謂叔孫：「見仲而何？」叔孫曰：「何爲？」曰：「不見，既自見矣，公與之環而佩之矣。」遂逐之，奔齊。疾急，命召仲，牛許而不召。杜洩見，告之飢渴，授之戈。對曰：「求之而至，又何去焉？」竪牛曰：「夫子疾病，不欲見人。」使寘饋於个而退。牛弗進，則置虚命徹。十二月癸丑，叔孫不食；乙卯，卒。牛立昭子而相之。

公使杜洩葬叔孫，竪牛賂叔仲昭子與南遺，使惡杜洩於季孫而去之。杜洩將以路葬，且盡卿禮。南遺謂季孫曰：「叔孫未乘路，葬焉用之？且冢卿無路，介卿以葬，不亦左乎？」季孫曰：「然。」使杜洩舍路。不可，曰：「夫子受命於朝而聘於王，王思舊勛而賜之路，復命而致之君。君不敢逆王命而復賜之，使三官書之。吾子爲司徒，實書名；夫子爲司馬，與工正書服；孟孫爲司空以書勛。今死而弗以，是棄君命也。書在公府而弗以，是廢三官也。若命服，生弗敢服，死又不以，將焉用之？」乃使以葬。季孫謀去中軍，竪牛曰：「夫子固欲去之。」

經（昭公五年）

五年春王正月，舍中軍。

楚殺其大夫屈申。

公如晉。

夏，莒牟夷以牟婁及防、茲來奔。

秋七月，公至自晉。

戊辰，叔弓帥師敗莒師於蚡泉。

秦伯卒。

冬，楚子、蔡侯、陳侯、許男、頓子、沈子、徐人、越人伐吳。

傳（昭公五年）

五年春王正月，舍中軍，卑公室也。毀中軍於施氏，成諸臧氏。初作中軍，三分公室，而各有其一。季氏盡征之，叔孫氏臣其子弟，孟氏取其半焉。及其舍之也，四分公室，季氏擇二，二子各一，皆盡征之，而貢於公。

以書使杜洩告於殯，曰：「子固欲毀中軍，既毀之矣，故告。」杜洩曰：「夫子唯不欲毀也，故盟諸僖閎，詛諸五父之衢。」受其書而投之，帥士而哭之。

叔仲子謂季孫曰：「帶受命於子叔孫曰：『葬鮮者自西門。』」季孫命杜洩。杜洩曰：「卿喪自朝，魯禮也。吾子爲國政，未改禮而又遷之。羣臣懼死，不敢自也。」既葬而行。

仲至自齊，季孫欲立之。南遺曰：「叔孫氏厚，則季氏薄。彼實家亂，子勿與知，不亦可乎？」南遺使國人助豎牛以攻諸大庫之庭，司宮射之，中目而死。豎牛取東鄙三十邑以與南遺。

昭子即位，朝其家衆，曰：「豎牛禍叔孫氏，使亂大從，殺適立庶；又披其邑，將以赦罪，罪莫大焉。必速殺之！」豎牛懼，奔齊。孟、仲之子殺諸塞關之外。投其首於寧風之棘上。仲尼曰：「叔孫昭子之不勞，不可能也。周任有言曰：『爲政者不賞私勞，不罰私怨。』《詩》云：『有覺德行，四國順之。』」

初，穆子之生也，莊叔以《周易》筮之，遇《明夷》䷣之《謙》䷎，以示卜楚丘。楚丘曰：「是將行，而歸爲子祀。以讒人入，其名曰牛，卒以餒死。《明夷》，日也。日之數十，故有十時，亦當十位。自王已下，其二爲公，其三爲卿。日上其中，食日爲二，旦日爲三。《明夷》之《謙》，明而未融，其當旦乎，故曰『爲子祀』。日之《謙》，當鳥，故曰『明夷于飛』。明而未融，故曰『垂其翼』。象日之動，故曰『君子於行』。當三在旦，故曰『三日不食』。《離》，火也；《艮》，山也。《離》爲火，火焚山，山敗。於人爲言。敗言爲讒，故曰『有攸往。主人有言』。言必讒也。純《離》爲牛，世亂讒勝，勝將適《離》，故曰『其名曰牛』。謙不足，飛不翔；垂不峻，翼不廣。故曰『其爲子後乎』。吾子，亞卿也；抑少不終。」

楚子以屈申爲貳於吳，乃殺之。以屈生爲莫敖，使與令尹子蕩如晉逆女。過鄭，鄭伯勞子蕩於氾，勞屈生於菟氏。晉侯送女於邢丘。子產相鄭伯會晉侯於邢丘。

公如晉，自郊勞至於贈賄，無失禮。晉侯謂女叔齊曰：「魯侯不亦善於禮乎？」對曰：「魯侯焉知禮！」公曰：「何爲？自郊勞至於贈賄，禮無違者，何故不知？」對曰：「是儀也，不可謂禮。禮，所以守其國、行其政令、無失其民者也。今政令在家，不能

取也；有子家羈，弗能用也；奸大國之盟，陵虐小國；利人之難，不知其私。公室四分，民食於他。思莫在公，不圖其終。爲國君，難將及身，不恤其所。禮之本末將於此乎在，而屑屑焉習儀以亟。言善於禮，不亦遠乎？」君子謂叔侯於是乎知禮。

晉韓宣子如楚送女，叔向爲介。鄭子皮、子大叔勞諸索氏。大叔謂叔向曰：「楚王汰侈已甚，子其戒之！」叔向曰：「汰侈已甚，身之災也，焉能及人？若奉吾幣帛，慎吾威儀；守之以信，行之以禮；敬始而思終，終無不復。從而不失儀，敬而不失威；道之以訓辭，奉之以舊法，考之以先王，度之以二國，雖汰侈，若我何？」

及楚。楚子朝其大夫，曰：「晉，吾讎敵也。苟得志焉，無恤其它。今其來者，上卿、上大夫也。若吾以韓起爲閽，以羊舌肸爲司宮，足以辱晉，吾亦得志矣。可乎？」大夫莫對。薳啓彊曰：「可。苟有其備，何故不可？恥匹夫不可以無備，況恥國乎？是以聖王務行禮，不求恥人。朝聘有珪，享眺有璋，小有述職，大有巡功。設機而不倚，爵盈而不飲；宴有好貨，飧有陪鼎，入有郊勞，出有贈賄，禮之至也。國家之敗，失之道也，則禍亂興。城濮之役，晉無楚備，以敗於邲。邲之役，楚無晉備，以敗於鄢。自鄢以來，晉不失備，而加之以禮，重之以睦，是以楚弗能報，而求親焉。既獲姻親，又欲恥之，以召寇讎，備之若何，誰其重此？若有其人，恥之可也。若其未有，君亦圖之。晉之事君，臣曰可矣：求諸侯而麇至；求婚而薦女，君親送之，上卿及上大夫致之。猶欲恥之，君其亦有備矣。不然，奈何？韓起之下，趙成、中行吳、魏舒、范鞅、知盈；羊舌肸之下，祁午、張趯、籍談、女齊、梁丙、張骼、輔躒、苗賁皇，皆諸侯之選也。韓襄爲公族大夫，韓須受命而使矣；箕襄、邢帶、叔禽、叔椒、子羽，皆大家也。韓賦七邑，皆成縣也。羊舌四族，皆彊家也。晉人若喪韓起、楊肸，五卿、八大夫輔韓須、楊石，因其十家九縣，長轂九百，其餘四十縣，遺守四千，奮其武怒，以報其大恥。伯華謀之，中行伯、魏舒帥之，其蔑不濟矣。君將以親易怨，實無禮以速寇，而未有其備，使羣臣往遺之禽，以逞君心，何不可之有？」王曰：「不穀之過也，大夫無辱。」厚爲韓子禮。王欲敖叔向以其所不知，而不能，亦厚其禮。

韓起反，鄭伯勞諸圉。辭不敢見，禮也。

鄭罕虎如齊，娶於子尾氏。晏子驟見之。陳桓子問其故。對曰：「能用善人，民之主也。」

夏，莒牟夷以牟婁及防、茲來奔。牟夷非卿而書，尊地也。莒人愬於晉，晉侯欲止公。范獻子曰：「不可。人朝而執之，誘也；討不以師，而誘以成之，惰也。爲盟主而犯此二者，無乃不可乎！請歸之，間而以師討焉。」乃歸公。秋七月，公至自晉。

莒人來討，不設備。戊辰，叔弓敗諸蚡泉，莒未陳也。

冬十月，楚子以諸侯及東夷伐吳，以報棘、櫟、麻之役。薳射以繁揚之師會於夏汭。越大夫常壽過帥師會楚子於瑣。聞吳師出，薳啓彊帥師從之，遽不設備，吳人敗諸鵲岸。楚子以馹至於羅汭。

吳子使其弟蹶由犒師，楚人執之，將以釁鼓。王使問焉，曰：「女卜來吉乎？」對曰：「吉。寡君聞君將治兵於敝邑，卜之以守龜，曰：『余亟使人犒師，請行以觀王怒之

疾徐，而爲之備，尚克知之！』龜兆告吉，曰：『克可知也。』君若驩焉好逆使臣，滋敝邑休怠，而忘其死，亡無日矣。今君奮焉震電馮怒，虐執使臣，將以釁鼓，則吳知所備矣。敝邑雖羸，若早修完，其可以息師。難易有備，可謂吉矣。且吳社稷是卜，豈爲一人？使臣獲釁軍鼓，而敝邑知備，以御不虞，其爲吉，孰大焉？國之守龜，其何事不卜？一臧一否，其誰能常之？城濮之兆，其報在邲。今此行也，其庸有報志？」乃弗殺。

楚師濟於羅汭，沈尹赤會楚子，次於萊山，薳射帥繁揚之師先入南懷，楚師從之，及汝清。吳不可入。楚子遂觀兵於坻箕之山。是行也，吳早設備，楚無功而還，以蹶由歸。楚子懼吳，使沈尹射待命於巢，薳啓彊待命於雩婁，禮也。

秦後子復歸於秦，景公卒故也。

經（昭公六年）

六年春王正月，杞伯益姑卒。

葬秦景公。

夏，季孫宿如晉。

葬杞文公。

宋華合比出奔衛。

秋九月，大雩。

楚薳罷帥師伐吳。

冬，叔弓如楚。

齊侯伐北燕。

傳（昭公六年）

六年春王正月，杞文公卒。弔如同盟，禮也。

大夫如秦，葬景公，禮也。

三月，鄭人鑄刑書。叔向使詒子產書，曰：「始吾有虞於子，今則已矣。昔先王議事以制，不爲刑辟，懼民之有爭心也。猶不可禁禦，是故閑之以義，糾之以政，行之以禮，守之以信，奉之以仁；制爲禄位，以勸其從；嚴斷刑罰，以威其淫。懼其未也，故誨之以忠，聳之以行，教之以務，使之以和，臨之以敬，莅之以彊，斷之以剛；猶求聖哲之上、明察之官、忠信之長、慈惠之師，民於是乎可任使也，而不生禍亂。民知有辟，則不忌於上。並有爭心，以徵於書，而徼幸以成之，弗可爲矣。

「夏有亂政，而作《禹刑》；商有亂政，而作《湯刑》；周有亂政，而作《九刑》：三辟之興，皆叔世也。今吾子相鄭國，作封洫，立謗政，制參辟，鑄刑書，將以靖民，不亦難乎？《詩》曰：『儀式刑文王之德，日靖四方。』又曰：『儀刑文王，萬邦作孚。』如是，何辟之有？民知爭端矣，將棄禮而徵於書，錐刀之末，將盡爭之。亂獄滋豐，賄賂並行。終子之世，鄭其敗乎？肸聞之：『國將亡，必多制』，其此之謂乎！」

復書曰：「若吾子之言——僑不才，不能及子孫，吾以救世也。既不承命，敢忘大惠！」士文伯曰：「火見，鄭其火乎！火未出，而作火以鑄刑器，藏爭辟焉。火如象之，

不火何爲？」

夏，季孫宿如晉，拜莒田也。晉侯享之，有加籩。武子退，使行人告曰：「小國之事大國也，苟免於討，不敢求貺。得貺不過三獻。今豆有加，下臣弗堪，無乃戾也？」韓宣子曰：「寡君以爲歡也。」對曰：「寡君猶未敢，況下臣——君之隸也，敢聞加貺？」固請徹加，而後卒事。晉人以爲知禮，重其好貨。

宋寺人柳有寵，大子佐惡之。華合比曰：「我殺之。」柳聞之，乃坎、用牲、埋書，而告公曰：「合比將納亡人之族，既盟於北郭矣。」公使視之，有焉，遂逐華合比。合比奔衛。於是華亥欲代右師，乃與寺人柳比，從爲之徵，曰：「聞之久矣。」公使代之。見於左師，左師曰：「女夫也必亡。女喪而宗室，於人何有？人亦於女何有？《詩》曰：『宗子維城，毋俾城壞，毋獨斯畏。』女其畏哉！」

六月丙戌，鄭災。

楚公子棄疾如晉，報韓子也。過鄭，鄭罕虎、公孫僑、游吉從鄭伯以勞諸柤，辭不敢見。固請，見之。見如見王。以其乘馬八匹私面。見子皮如上卿，以馬六匹；見子産以馬四匹；見子大叔以馬二匹。禁芻牧采樵，不入田，不樵樹，不采蓺，不抽屋，不强匄。誓曰：「有犯命者，君子廢，小人降！」舍不爲暴，主不慁賓。往來如是，鄭三卿皆知其將爲王也。

韓宣子之適楚也，楚人弗逆。公子棄疾及晉竟，晉侯將亦弗逆。叔向曰：「楚辟，我衷，若何效辟？《詩》曰：『爾之教矣，民胥效矣。』從我而已，焉用效人之辟？書曰：『聖作則。』無寧以善人爲則，而則人之辟乎？匹夫爲善，民猶則之，況國君乎？」晉侯說，乃逆之。

秋九月，大雩，旱也。

徐儀楚聘於楚，楚子執之，逃歸。懼其叛也，使薳洩伐徐。吳人救之。令尹子蕩帥師伐吳，師於豫章，而次於乾溪。吳人敗其師於房鍾，獲宮廄尹棄疾。子蕩歸罪於薳洩而殺之。

冬，叔弓如楚，聘，且弔敗也。

十一月，齊侯如晉，請伐北燕也。士匄相士鞅逆諸河，禮也。晉侯許之。十二月，齊侯遂伐北燕，將納簡公。晏子曰：「不入。燕有君矣，民不貳。吾君賄，左右諂諛，作大事不以信，未嘗可也。」

經（昭公七年）

七年春王正月，暨齊平。

三月，公如楚。

叔孫婼如齊莅盟。

夏四月甲辰朔，日有食之。

秋八月，戊辰，衛侯惡卒。

九月，公至自楚。

冬十有一月癸未，季孫宿卒。

十有二月癸亥，葬衛襄公。

傳（昭公七年）

七年春王正月，暨齊平，齊求之也。癸巳，齊侯次於虢。燕人行成，曰：「敝邑知罪，敢不聽命？先君之敝器請以謝罪。」公孫皙曰：「受服而退，俟釁而動，可也。」二月戊午，盟於濡上。燕人歸燕姬，賂以瑶瓮、玉櫝、斝耳。不克而還。

楚子之爲令尹也，爲王旌以田。芋尹無宇斷之，曰：「一國兩君，其誰堪之？」及即位，爲章華之宮，納亡人以實之。無宇之閽入焉。無宇執之，有司弗與，曰：「執人於王宫，其罪大矣。」執而謁諸王。王將飲酒，無宇辭曰：「天子經略，諸侯正封，古之制也。封略之內，何非君土？食土之毛，誰非君臣？故《詩》曰：『普天之下，莫非王土；率土之濱，莫非王臣。』天有十日，人有十等。下所以事上，上所以共神也。故王臣公，公臣大夫，大夫臣士，士臣皁，皁臣輿，輿臣隸，隸臣僚，僚臣僕，僕臣臺。馬有圉，牛有牧，以待百事。今有司曰：『女胡執人於王宫？』將焉執之？周文王之法曰：『有亡，荒閲』，所以得天下也。吾先君文王作僕區之法，曰：『盜所隱器，與盜同罪』，所以封汝也。若從有司，是無所執逃臣也。逃而舍之，是無陪臺也。王事無乃闕乎？昔武王數紂之罪以告諸侯曰：『紂爲天下逋逃主，萃淵藪。』故夫致死焉。君王始求諸侯而則紂，無乃不可乎？若以二文之法取之，盜有所在矣。」王曰：「取而臣以往。盜有寵，未可得也。」遂赦之。

楚子成章華之臺，願與諸侯落之。大宰薳啓彊曰：「臣能得魯侯。」薳啓彊來召公，辭曰：「昔先君成公命我先大夫嬰齊曰：『吾不忘先君之好，將使衡父照臨楚國，鎮撫其社稷，以輯寧爾民。』嬰齊受命於蜀。奉承以來，弗敢失隕，而致諸宗祧。曰我先君共王引領北望，日月以冀，傳序相授，於今四王矣。嘉惠未至，唯襄公之辱臨我喪。孤與其二三臣悼心失圖，社稷之不皇，況能懷思君德？今君若步玉趾，辱見寡君，寵靈楚國，以信蜀之役，致君之嘉惠，是寡君既受貺矣，何蜀之敢望？其先君鬼神實嘉賴之，豈唯寡君？君若不來，使臣請問行期，寡君將承質幣而見於蜀，以請先君之貺。」

公將往，夢襄公祖。梓慎曰：「君不果行。襄公之適楚也，夢周公祖而行。今襄公實祖，君其不行！」子服惠伯曰：「行！先君未嘗適楚，故周公祖以道之；襄公適楚矣，而祖以道君。不行，何之？」三月，公如楚。鄭伯勞於師之梁。孟僖子爲介，不能相儀。及楚，不能答郊勞。

夏四月甲辰朔，日有食之。晉侯問於士文伯曰：「誰將當日食？」對曰：「魯、衛惡之。衛大，魯小。」公曰：「何故？」對曰：「去衛地如魯地，於是有災，魯實受之。其大咎其衛君乎！魯將上卿。」公曰：「《詩》所謂『彼日而食，於何不臧』者，何也？」對曰：「不善政之謂也。國無政，不用善，則自取謫於日月之災，故政不可不慎也。務三而已：一曰擇人，二曰因民，三曰從時。」

晉人來治杞田，季孫將以成與之。謝息爲孟孫守，不可，曰：「人有言曰：『雖有挈瓶之知，守不假器，禮也。』夫子從君，而守臣喪邑，雖吾子亦有猜焉。」季孫曰：

「君之在楚，於晉罪也。又不聽晉，魯罪重矣。晉師必至，吾無以待之，不如與之。間晉而取諸杞。吾與子桃，成反，誰敢有之？是得二成也。魯無憂，而孟孫益邑，子何病焉？」辭以無山，與之萊、柞。乃遷於桃。晉人爲杞取成。

楚子享公於新臺，使長鬣者相。好以大屈。既而悔之。薳啓彊聞之，見公。公語之，拜賀。公曰：「何賀？」對曰：「齊與晉、越欲此久矣。寡君無適與也，而傳諸君。君其備禦三鄰，慎守寶矣，敢不賀乎？」公懼，乃反之。

鄭子產聘於晉。晉侯有疾，韓宣子逆客，私焉，曰：「寡君寢疾，於今三月矣，並走羣望，有加而無瘳。今夢黄熊入於寢門，其何厲鬼也？」對曰：「以君之明，子爲大政，其何厲之有？昔堯殛鯀於羽山，其神化爲黄熊，以入於羽淵，實爲夏郊，三代祀之。晉爲盟主，其或者未之祀也乎！」韓子祀夏郊。晉侯有間，賜子產莒之二方鼎。

子產爲豐施歸州田於韓宣子，曰：「日君以夫公孫段爲能任其事，而賜之州田。今無禄早世，不獲久享君德。其子弗敢有，不敢以聞於君，私致諸子。」宣子辭。子產曰：「古人有言曰：『其父析薪，其子弗克負荷。』施將懼不能任其先人之禄，其況能任大國之賜？縱吾子爲政而可，後之人若屬有疆埸之言，敝邑獲戾，而豐氏受其大討。吾子取州，是免敝邑於戾，而建置豐氏也。敢以爲請。」宣子受之，以告晉侯。晉侯以與宣子。宣子爲初言，病有之，以易原縣於樂大心。

鄭人相驚以伯有，曰：「伯有至矣！」則皆走，不知所往。鑄刑書之歲二月，或夢伯有介而行，曰：「壬子，余將殺帶也。明年壬寅，余又將殺段也。」及壬子，駟帶卒，

國人益懼。齊、燕平之月，壬寅，公孫段卒，國人愈懼。其明月，子產立公孫洩及良止以撫之，乃止。子大叔問其故。子產曰：「鬼有所歸，乃不爲厲，吾爲之歸也。」大叔曰：「公孫洩何爲？」子產曰：「説也。爲身無義而圖説，從政有所反之，以取媚也。不媚，不信。不信，民不從也。」

及子產適晉，趙景子問焉，曰：「伯有猶能爲鬼乎？」子產曰：「能。人生始化曰魄，既生魄，陽曰魂。用物精多，則魂魄强，是以有精爽至於神明。匹夫匹婦强死，其魂魄猶能馮依於人，以爲淫厲，況良霄——我先君穆公之胄，子良之孫，子耳之子，敝邑之卿、從政三世矣。鄭雖無腆，抑諺曰『蕞爾國』，而三世執其政柄，其用物也弘矣，其取精也多矣，其族又大，所馮厚矣，而强死，能爲鬼，不亦宜乎！」

子皮之族飲酒無度，故馬師氏與子皮氏有惡。齊師還自燕之月，罕朔殺罕魋。罕朔奔晉。韓宣子問其位於子產。子產曰：「君之羈臣，苟得容以逃死，何位之敢擇？卿違，從大夫之位；罪人以其罪降，古之制也。朔於敝邑，亞大夫也；其官，馬師也，獲戾而逃，唯執政所寘之。得免其死，爲惠大矣，又敢求位？」宣子爲子產之敏也，使從嬖大夫。

秋八月，衛襄公卒。晉大夫言於范獻子曰：「衛事晉爲睦，晉不禮焉，庇其賊人而取其地，故諸侯貳。《詩》曰：『鶺鴒在原，兄弟急難。』又曰：『死喪之威，兄弟孔懷。』兄弟之不睦，於是乎不弔；況遠人，誰敢歸之？今又不禮於衛之嗣，衛必叛我，是絶諸侯也。」獻子以告韓宣子。宣子説，使獻子如衛弔，且反戚田。

衛齊惡告喪於周，且請命。王使郕簡公如衛弔，且追命襄公曰：「叔父陟恪，在我先王之左右，以佐事上帝，余敢忘高圉、亞圉？」

九月，公至自楚。孟僖子病不能相禮，乃講學之，苟能禮者從之。及其將死也，召其大夫，曰：「禮，人之幹也。無禮，無以立。吾聞將有達者曰孔丘，聖人之後也，而滅於宋。其祖弗父何以有宋而授厲公；及正考父佐戴、武、宣，三命兹益共，故其鼎銘云：『一命而僂，再命而傴，三命而俯，循牆而走，亦莫余敢侮。饘於是，鬻於是，以餬余口。』其共也如是。臧孫紇有言曰：『聖人有明德者，若不當世，其後必有達人。』今其將在孔丘乎！我若獲没，必屬説與何忌於夫子，使事之，而學禮焉，以定其位。」故孟懿子與南宮敬叔師事仲尼。仲尼曰：「能補過者，君子也。《詩》曰：『君子是則是效』，孟僖子可則效已矣。」

單獻公棄親用羈。冬十月辛酉，襄、頃之族殺獻公而立成公。

十一月，季武子卒。晉侯謂伯瑕曰：「吾所問日食，從矣。可常乎？」對曰：「不可。六物不同，民心不壹，事序不類，官職不則，同始異終，胡可常也？《詩》曰：『或燕燕居息，或憔悴事國』，其異終也如是。」公曰：「何謂六物？」對曰：「歲、時、日、月、星、辰，是謂也。」公曰：「多語寡人辰而莫同，何謂辰？」對曰：「日月之會是謂辰，故以配日。」

衛襄公夫人姜氏無子，嬖人婤始生孟縶。孔成子夢康叔謂己：「立元，余使羈之孫圉與史苟相之。」史朝亦夢康叔謂己：「余將命而子苟與孔烝鉏之曾孫圉相元。」史朝見成子，告之夢，夢協。晉韓宣子爲政聘於諸侯之歲，婤始生子，名之曰元。孟縶之足不良能行。孔成子以《周易》筮之，曰：「元尚享衛國，主其社稷。」遇《屯》䷂。又曰：「余尚立縶，尚克嘉之。」遇《屯》䷂之《比》䷇。以示史朝。史朝曰：「『元亨』，又何疑焉？」成子曰：「非長之謂乎？」對曰：「康叔名之，可謂長矣。孟非人也，將不列於宗，不可謂長。且其繇曰：『利建侯。』嗣吉，何建？建非嗣也。二卦皆云，子其建之！康叔命之，二卦告之，筮襲於夢，武王所用也，弗從何爲？弱足者居。侯主社稷，臨祭祀，奉民人，事鬼神，從會朝，又焉得居？各以所利，不亦可乎？」故孔成子立靈公。十二月癸亥，葬衛襄公。

經（昭公八年）

八年春，陳侯之弟招殺陳世子偃師。

夏四月辛丑，陳侯溺卒。

叔弓如晉。

楚人執陳行人干徵師殺之。

陳公子留出奔鄭。

秋，蒐於紅。

陳人殺其大夫公子過。

大雩。

冬十月壬午，楚師滅陳。執陳公子招，放之於越。殺陳孔奐。葬陳哀公。

傳（昭公八年）

八年春，石言於晉魏榆。晉侯問於師曠曰：「石何故言？」對曰：「石不能言，或馮焉。不然，民聽濫也。抑臣又聞之曰：『作事不時，怨讟動於民，則有非言之物而言。』今宮室崇侈，民力彫盡，怨讟並作，莫保其性，石言，不亦宜乎？」於是晉侯方築虒祁之宮，叔向曰：「子野之言君子哉！君子之言，信而有徵，故怨遠於其身；小人之言，僭而無徵，故怨咎及之。《詩》曰：『哀哉不能言，匪舌是出，唯躬是瘁。哿矣能言，巧言如流，俾躬處休。』其是之謂乎！是宮也成，諸侯必叛，君必有咎，夫子知之矣。」

陳哀公元妃鄭姬生悼大子偃師，二妃生公子留，下妃生公子勝。二妃嬖，留有寵，屬諸司徒招與公子過。哀公有廢疾，三月甲申，公子招、公子過殺悼大子偃師而立公子留。夏四月辛亥，哀公縊。干徵師赴於楚，且告有立君。公子勝愬之於楚。楚人執而殺之。公子留奔鄭。

書曰「陳侯之弟招殺陳世子偃師」，罪在招也；「楚人執陳行人干徵師殺之」，罪不在行人也。

叔弓如晉，賀虒祁也。游吉相鄭伯以如晉，亦賀虒祁也。史趙見子大叔，曰：「甚哉其相蒙也！可弔也，而又賀之。」子大叔曰：「若何弔也？其非唯我賀，將天下實賀。」

秋，大蒐於紅，自根牟至於商、衛，革車千乘。

七月甲戌，齊子尾卒。子旗欲治其室。丁丑，殺梁嬰。八月庚戌，逐子成、子工、子車，皆來奔，而立子良氏之宰。其臣曰：「孺子長矣，而相吾室，欲兼我也。」授甲，將攻之。陳桓子善於子尾，亦授甲，將助之。或告子旗，子旗不信，則數人告。將往，又數人告於道，遂如陳氏。桓子將出矣，聞之而還，游服而逆之，請命。對曰：「聞彊氏授甲將攻子，子聞諸？」曰：「弗聞。」「子盍亦授甲，無宇請從。」子旗曰：「子胡然？彼，孺子也。吾誨之，猶懼其不濟，吾又寵秩之——其若先人何？子盍謂之。《周書》曰：『惠不惠，茂不茂』，康叔所以服弘大也。」桓子稽顙曰：「頃、靈福子，吾猶有望。」遂和之如初。

陳公子招歸罪於公子過而殺之。九月，楚公子棄疾帥師奉孫吳圍陳，宋戴惡會之。冬十一月壬午，滅陳。輿嬖袁克殺馬毀玉以葬。楚人將殺之，請寘之，既又請私。私於幄，加絰於顙而逃。

使穿封戌爲陳公，曰：「城麇之役不諂。」侍飲酒於王，王曰：「城麇之役，汝知寡人之及此，汝其辟寡人乎！」對曰：「若知君之及此，臣必致死禮以息楚國。」

晉侯問於史趙曰：「陳其遂亡乎？」對曰：「未也。」公曰：「何故？」對曰：「陳，顓頊之族也，歲在鶉火，是以卒滅。陳將如之。今在析木之津，猶將復由。且陳氏得政於齊而後陳卒亡。自幕至於瞽瞍無違命，舜重之以明德，寘德於遂。遂世守之。及胡公不淫，故周賜之姓，使祀虞帝。臣聞盛德必百世祀。虞之世數未也，繼守將在齊，其兆既存矣。」

經（昭公九年）

九年春，叔弓會楚子於陳。

許遷於夷。

夏四月，陳災。

秋，仲孫貜如齊。

冬，築郎囿。

傳（昭公九年）

九年春，叔弓、宋華亥、鄭游吉、衛趙黶會楚子於陳。

二月庚申，楚公子棄疾遷許於夷，實城父。取州來、淮北之田以益之，伍舉授許男田。然丹遷城父人於陳，以夷濮西田益之。遷方城外人於許。

周甘人與晉閻嘉爭閻田。晉梁丙、張趯率陰戎伐潁。王使詹桓伯辭於晉曰：「我自夏以后稷，魏、駘、芮、岐、畢，吾西土也。及武王克商，蒲姑、商奄，吾東土也；巴、濮、楚、鄧，吾南土也；肅慎、燕、亳，吾北土也。吾何邇封之有？文、武、成、康之建母弟，以蕃屏周，亦其廢隊是爲，豈如弁髦，而因以敝之。「先王居檮杌於四裔，以禦螭魅，故允姓之奸居於瓜州。伯父惠公歸自秦，而誘以來，使偪我諸姬，入我郊甸，則戎焉取之。戎有中國，誰之咎也？后稷封殖天下，今戎制之，不亦難乎？伯父圖之！我在伯父，猶衣服之有冠冕，木水之有本原，民人之有謀主也。伯父若裂冠毀冕，拔本塞原，專棄謀主，雖戎狄，其何有余一人？」叔向謂宣子曰：「文之伯也，豈能改物？翼戴天子，而加之以共。自文以來，世有衰德，而暴滅宗周，以宣示其侈；諸侯之貳，不亦宜乎？且王辭直，子其圖之。」宣子說。王有姻喪，使趙成如周弔，且致閻田與襚，反潁俘。王亦使賓滑執甘大夫襄以説於晉，晉人禮而歸之。

夏四月，陳災。鄭裨竈曰：「五年陳將復封，封五十二年而遂亡。」子産問其故。對曰：「陳，水屬也；火，水妃也。而楚所相也。今火出而火陳，逐楚而建陳也。妃以五成，故曰五年。歲五及鶉火，而後陳卒亡，楚克有之，天之道也，故曰五十二年。」

晉荀盈如齊逆女，還，六月，卒於戲陽。殯於絳，未葬。晉侯飲酒，樂。膳宰屠蒯趨入，請佐公使尊，許之。而遂酌以飲工，曰：「女爲君耳，將司聰也。辰在子卯，謂之疾日，君徹宴樂，學人舍業，爲疾故也。君之卿佐，是謂股肱。股肱或虧，何痛如之？女弗聞而樂，是不聽也。」又飲外嬖嬖叔，曰：「女爲君目，將司明也。服以旌禮，禮以行事，事有其物，物有其容。今君之容，非其物也；而女不見，是不明也。」亦自飲也，曰：「味以行氣，氣以實志，志以定言，言以出令。臣實司味，二御失官，而君弗命，臣之罪也。」公説，徹酒。初，公欲廢知氏而立其外嬖，爲是悛而止。秋八月，使荀躒佐下軍以説焉。

孟僖子如齊殷聘，禮也。

冬，築郎囿。書時也。季平子欲其速成也，叔孫昭子曰：「《詩》曰：『經始勿亟，庶民子來。』焉用速成，其以勦民也？無囿猶可；無民，其可乎？」

經（昭公十年）

十年春王正月。

夏，齊欒施來奔。

秋七月，季孫意如、叔弓、仲孫貜帥師伐莒。

戊子，晉侯彪卒。

九月，叔孫婼如晉，葬晉平公。

十有二月甲子，宋公成卒。

傳（昭公十年）

十年春王正月，有星出於婺女。鄭裨竈言於子産曰：「七月戊子，晉君將死。今兹歲在顓頊之虚，姜氏、任氏實守其地，居其維首，而有妖星焉，告邑姜也。邑姜，晉之妣也。天以七紀，戊子逢公以登，星斯於是乎出，吾是以譏之。」

齊惠欒、高氏皆耆酒，信内多怨，彊於陳、鮑氏而惡之。

夏，有告陳桓子曰：「子旗、子良將攻陳、鮑。」亦告鮑氏。桓子授甲而如鮑氏。遭子良醉而騁，遂見文子，則亦授甲矣。使視二子，則皆將飲酒。桓子曰：「彼雖不信，聞我授甲，則必逐我。及其飲酒也，先伐諸。」陳、鮑方睦，遂伐欒、高氏。子良曰：「先得公，陳、鮑焉往？」遂伐虎門。

晏平仲端委立於虎門之外，四族召之，無所往。其徒曰：「助陳、鮑乎？」曰：「何善焉？」「助欒、高乎？」曰：「庸愈乎？」「然則歸乎？」曰：「君伐，焉歸？」公召之而後入。公卜使王黑以靈姑銔率，吉，請斷三尺焉而用之。五月庚辰，戰於稷，欒、高敗，又敗諸莊。國人追之，又敗諸鹿門。欒施、高彊來奔。陳、鮑分其室。

晏子謂桓子：「必致諸公！讓，德之主也。讓之謂懿德。凡有血氣，皆有争心，故利不可强，思義爲愈。義，利之本也。蘊利生孽。姑使無蘊乎！可以滋長。」

桓子盡致諸公，而請老於莒。桓子召子山，私具幄幕、器用、從者之衣屨，而反棘焉。子商亦如之，而反其邑。子周亦如之，而與之夫子。反子城、子公、公孫捷，而皆益其禄。凡公子、公孫之無禄者，私分之邑。國之貧約孤寡者，私與之粟。曰：「《詩》云：『陳錫載周』，能施也。桓公是以霸。」公與桓子莒之旁邑，辭。穆孟姬爲之請高唐，陳氏始大。

秋七月，平子伐莒，取郠。獻俘，始用人於亳社。臧武仲在齊聞之，曰：「周公其不饗魯祭乎！周公饗義，魯無義。《詩》曰：『德音孔昭，視民不佻。』佻之謂甚矣，而壹用之，將誰福哉？」

戊子，晉平公卒。鄭伯如晉，及河，晉人辭之。游吉遂如晉。九月，叔孫婼、齊國弱、宋華定、衛北宫喜、鄭罕虎、許人、曹人、莒人、邾人、滕人、薛人、杞人、小邾人如晉，葬平公也。

鄭子皮將以幣行，子産曰：「喪焉用幣？用幣必百兩，百兩必千人。千人至，將不行。不行，必盡用之。幾千人而國不亡？」子皮固請以行。既葬，諸侯之大夫欲因見新君。叔孫昭子曰：「非禮也。」弗聽。叔向辭之曰：「大夫之事畢矣，而又命孤。孤斬焉

在衰絰之中，其以嘉服見，則喪禮未畢；其以喪服見，是重受弔也，大夫將若之何？」皆無辭以見。

子皮盡用其幣。歸，謂子羽曰：「非知之實難，將在行之。夫子知之矣，我則不足。《書》曰：『欲敗度，縱敗禮』，我之謂矣。夫子知度與禮矣，我實縱欲，而不能自克也。」

昭子至自晉，大夫皆見，高彊見而退。昭子語諸大夫曰：「爲人子不可不慎也哉！昔慶封亡，子尾多受邑，而稍致諸君，君以爲忠，而甚寵之。將死，疾於公宮，輦而歸，君親推之。其子不能任，是以在此。忠爲令德，其子弗能任，罪猶及之，難不慎也。喪夫人之力，棄德、曠宗，以及其身，不亦害乎？詩曰：『不自我先，不自我後』，其是之謂乎！」

冬十二月，宋平公卒。初，元公惡寺人柳，欲殺之。及喪，柳熾炭於位，將至，則去之。比葬，又有寵。

經（昭公十一年）

十有一年春王二月，叔弓如宋。

葬宋平公。

夏四月丁巳，楚子虔誘蔡侯般殺之於申。

楚公子棄疾帥師圍蔡。

五月甲申，夫人歸氏薨。

大蒐於比蒲。

仲孫貜會邾子，盟於祲祥。

秋，季孫意如會晉韓起、齊國弱、宋華亥、衛北宮佗、鄭罕虎、曹人、杞人於厥慭。

九月己亥，葬我小君齊歸。

冬十有一月丁酉，楚師滅蔡，執蔡世子有以歸，用之。

傳（昭公十一年）

十一年春王二月，叔弓如宋，葬平公也。

景王問於萇弘曰：「今茲諸侯何實吉？何實凶？」對曰：「蔡凶。此蔡侯般弒其君之歲也，歲在豕韋，弗過此矣。楚將有之，然壅也。歲及大梁，蔡復，楚凶，天之道也。」

楚子在申，召蔡靈侯。靈侯將往，蔡大夫曰：「王貪而無信，唯蔡於感。今幣重而言甘，誘我也，不如無往。」蔡侯不可。三月丙申，楚子伏甲而饗蔡侯於申，醉而執之。夏四月丁巳，殺之。刑其士七十人。公子棄疾帥師圍蔡。

韓宣子問於叔向曰：「楚其克乎？」對曰：「克哉！蔡侯獲罪於其君，而不能其民，天將假手於楚以斃之，何故不克？然肸聞之：不信以幸，不可再也。楚王奉孫吳以討於陳，曰：『將定而國。』陳人聽命，而遂縣之。今又誘蔡而殺其君，以圍其國，雖幸而克，必受其咎，弗能久矣。桀克有緡，以喪其國；紂克東夷，而隕其身。楚小位下，而

亟暴於二王，能无咎乎？天之假助不善，非祚之也，厚其凶惡而降之罰也。且譬之如天其有五材而將用之，力盡而敝之，是以無拯，不可沒振。」

五月，齊歸薨。大蒐於比蒲，非禮也。

孟僖子會邾莊公，盟於祲祥，修好禮也。泉丘人有女，夢以其帷幕孟氏之廟，遂奔僖子，其僚從之。盟於清丘之社，曰：「有子，無相棄也！」僖子使助薳氏之簉。反自祲祥，宿於薳氏，生懿子及南宮敬叔於泉丘人。其僚無子，使字敬叔。

楚師在蔡，晉荀吳謂韓宣子曰：「不能救陳，又不能救蔡，物以無親。晉之不能亦可知也已。爲盟主而不恤亡國，將焉用之？」

秋，會於厥慭，謀救蔡也。鄭子皮將行。子産曰：「行不遠，不能救蔡也。蔡小而不順，楚大而不德，天將棄蔡以壅楚，盈而罰之，蔡必亡矣。且喪君而能守者鮮矣。三年，王其有咎乎！美惡周必復，王惡周矣。」晉人使狐父請蔡於楚，弗許。

單子會韓宣子於戚，視下言徐。叔向曰：「單子其將死乎！朝有著定，會有表；衣有禬，帶有結。會朝之言必聞於表著之位，所以昭事序也；視不過結禬之中，所以道容貌也。言以命之，容貌以明之，失則有闕。今單子爲王官伯，而命事於會，視不登帶，言不過步，貌不道容，而言不昭矣。不道，不共；不昭，不從。無守氣矣。」

九月，葬齊歸，公不戚。晉士之送葬者，歸以語史趙。史趙曰：「必爲魯郊。」侍者曰：「何故？」曰：「歸姓也，不思親，祖不歸也。」叔向曰：「魯公室其卑乎！君有大喪，國不廢蒐；有三年之喪，而無一日之戚。國不恤喪，不忌君也；君無慼容，不顧親也。國不忌君，君不顧親，能無卑乎？殆其失國。」

冬十一月，楚子滅蔡，用隱大子於岡山。申無宇曰：「不祥。五牲不相爲用，況用諸侯乎！王必悔之！」

十二月，單成公卒。

楚子城陳、蔡、不羹。使棄疾爲蔡公。王問於申無宇曰：「棄疾在蔡何如？」對曰：「擇子莫如父，擇臣莫如君。」鄭莊公城櫟而寘子元焉，使昭公不立。齊桓公城穀而寘管仲焉，至於今賴之。臣聞五大不在邊，五細不在庭；親不在外，羈不在內。今棄疾在外，鄭丹在內，君其少戒！」王曰：「國有大城，何如？」對曰：「鄭京、櫟實殺曼伯，宋蕭、亳實殺子游，齊渠丘實殺無知，衛蒲、戚實出獻公。若由是觀之，則害於國。末大必折，尾大不掉，君所知也。」

經（昭公十二年）

十有二年春，齊高偃帥師納北燕伯於陽。

三月壬申，鄭伯嘉卒。

夏，宋公使華定來聘。

公如晉，至河乃復。

五月，葬鄭簡公。

楚殺其大夫成熊。

秋七月。

冬十月，公子慭出奔齊。

楚子伐徐。

晉伐鮮虞。

傳（昭公十二年）

十二年春，齊高偃納北燕伯款於唐，因其衆也。

三月，鄭簡公卒。將爲葬除，及游氏之廟，將毀焉。子大叔使其除徒執用以立，而無庸毀，曰：「子產過女，而問何故不毀，乃曰：『不忍廟也。諾，將毀矣。』」既如是，子產乃使辟之。司墓之室有當道者，毀之，則朝而堋；弗毀，則日中而堋。子大叔請毀之，曰：「無若諸侯之賓何？」子產曰：「諸侯之賓能來會吾喪，豈憚日中？無損於賓，而民不害，何故不爲？」遂弗毀，日中而葬。君子謂子產於是乎知禮。禮，無毀人以自成也。

夏，宋華定來聘，通嗣君也。享之，爲賦《蓼蕭》，弗知，又不答賦。昭子曰：「必亡。宴語之不懷，寵光之不宣，令德之不知，同福之不受，將何以在？」

齊侯、衛侯、鄭伯如晉，朝嗣君也。公如晉，至河，乃復。取郠之役，莒人愬於晉，晉有平公之喪，未之治也，故辭公。公子慭遂如晉。晉侯享諸侯，子產相鄭伯，辭於享，請免喪而後聽命。晉人許之，禮也。晉侯以齊侯宴，中行穆子相。投壺，晉侯先，穆子曰：「有酒如淮，有肉如坻。寡君中此，爲諸侯師。」中之。齊侯舉矢，曰：「有酒如澠，有肉如陵。寡人中此，與君代興。」亦中之。伯瑕謂穆子曰：「子失辭。吾固師諸侯矣，壺何爲焉，以其中儁也？齊君弱吾君，歸弗來矣。」穆子曰：「吾軍帥彊禦，卒乘競勸，今猶古也，齊將何事？」公孫叟趨進，曰：「日旰君勤，可以出矣！」以齊侯出。

楚子謂成虎，若敖之餘也，遂殺之。或譖成虎於楚子，成虎知之，而不能行。書曰「楚殺其大夫成虎」，懷寵也。

六月，葬鄭簡公。

晉荀吳僞會齊師者，假道於鮮虞，遂入昔陽。秋八月壬午，滅肥，以肥子緜皋歸。

周原伯絞虐，其輿臣使曹逃。冬十月壬申朔，原輿人逐絞，而立公子跪尋。絞奔郊。

甘簡公無子，立其弟過。過將去成、景之族。成、景之族賂劉獻公，丙申，殺甘悼公，而立成公之孫鰌。丁酉，殺獻大子之傅庾皮之子過，殺瑕辛於市，及宮嬖綽、王孫沒、劉州鳩、陰忌、老陽子。

季平子立，而不禮於南蒯。南蒯謂子仲：「吾出季氏，而歸其室於公，子更其位，我以費爲公臣。」子仲許之。南蒯語叔仲穆子，且告之故。

季悼子之卒也，叔孫昭子以再命爲卿。及平子伐莒克之，更受三命。叔仲子欲構二家，謂平子曰：「三命踰父兄，非禮也。」平子曰：「然。」故使昭子。昭子曰：「叔孫氏有家禍，殺適立庶，故婼也及此。若因禍以斃之，則聞命矣。若不廢君命，則固有著矣。」昭子朝而命吏曰：「婼將與季氏訟，書辭無頗。」季孫懼而歸罪於叔仲子。故叔

仲小、南蒯、公子憖謀季氏。憖告公，而遂從公如晉。南蒯懼不克，以費叛如齊。子仲還，及衛，聞亂，逃介而先。及郊，聞費叛，遂奔齊。

南蒯之將叛也，其鄉人或知之，過之而嘆，且言曰：「恤恤乎，湫乎攸乎！深思而淺謀，邇身而遠志，家臣而君圖，有人矣哉！」南蒯枚筮之，遇《坤》䷁之《比》䷇，曰：「黄裳元吉」，以爲大吉也。示子服惠伯曰：「即欲有事，何如？」惠伯曰：「吾嘗學此矣，忠信之事則可，不然，必敗。外彊内温，忠也；和以率貞，信也，故曰『黄裳元吉』。黄，中之色也；裳，下之飾也；元，善之長也。中不忠，不得其色；下不共，不得其飾；事不善，不得其極。外内倡和爲忠，率事以信爲共，供養三德爲善，非此三者弗當。且夫《易》不可以占險，將何事也？且可飾乎？中美能黄，上美爲元，下美則裳，參成可筮。猶有闕也，筮雖吉，未也。」

將適費，飲鄉人酒。鄉人或歌之曰：「我有圃，生之杞乎！從我者子乎，去我者鄙乎，倍其鄰者恥乎！已乎已乎！非吾黨之士乎！」平子欲使昭子逐叔仲小。小聞之，不敢朝。昭子命吏謂小待政於朝，曰：「吾不爲怨府。」

楚子狩於州來，次於潁尾，使蕩侯、潘子、司馬督、囂尹午、陵尹喜帥師圍徐以懼吴。楚子次於乾溪，以爲之援。雨雪，王皮冠，秦復陶，翠被豹舄，執鞭以出。僕析父從。右尹子革夕，王見之，去冠、被，舍鞭，與之語曰：「昔我先王熊繹與呂汲、王孫牟、燮父、禽父並事康王，四國皆有分，我獨無有。今吾使人於周，求鼎以爲分，王其與我乎？」對曰：「與君王哉！昔我先王熊繹辟在荆山，篳路藍縷以處草莽，跋涉山林以事天子，唯是桃弧棘矢以共禦王事。齊，王舅也；晉及魯、衛，王母弟也。楚是以無分，而彼皆有。今周與四國服事君王，將唯命是從，豈其愛鼎？」

王曰：「昔我皇祖伯父昆吾，舊許是宅。今鄭人貪賴其田，而不我與。我若求之，其與我乎？」對曰：「與君王哉！周不愛鼎，鄭敢愛田？」王曰：「昔諸侯遠我而畏晉，今我大城陳、蔡不羹，賦皆千乘，子與有勞焉，諸侯其畏我乎？」對曰：「畏君王哉！是四國者，專足畏也。又加之以楚，敢不畏君王哉？」工尹路請曰：「君王命剥圭以爲戚柲，敢請命。」王入視之。析父謂子革：「吾子，楚國之望也。今與王言如響，國其若之何？」子革曰：「摩厲以須，王出，吾刃將斬矣。」王出，復語。左史倚相趨過，王曰：「是良史也，子善視之！是能讀《三墳》、《五典》、《八索》、《九丘》。」對曰：「臣嘗問焉：昔穆王欲肆其心，周行天下，將皆必有車轍馬迹焉。祭公謀父作《祈招》之詩以止王心，王是以獲没於祗宮。臣問其詩而不知也。若問遠焉，其焉能知之？」王曰：「子能乎？」對曰：「能。其詩曰：『祈招之愔愔，式昭德音。思我王度，式如玉，式如金。形民之力，而無醉飽之心。』」王揖而入，饋不食，寢不寐，數日，不能自克，以及於難。

仲尼曰：「古也有志：『克己復禮，仁也。』信善哉！楚靈王若能如是，豈其辱於乾溪？」

晉伐鮮虞，因肥之役也。